DEN KOMPLETTA KOKBOKEN TARTE TATIN

Dyk in i en värld av upp och ner nöjen med 100 läckra recept

Helen Söderberg

Copyright Material ©2024

Alla rättigheter förbehållna

Ingen del av denna bok får användas eller överföras i någon form eller på något sätt utan korrekt skriftligt medgivande från utgivaren och upphovsrättsinnehavaren, förutom korta citat som används i en recension. Den här boken bör inte betraktas som en ersättning för medicinsk, juridisk eller annan professionell rådgivning.

INNEHÅLLSFÖRTECKNING

INNEHÅLLSFÖRTECKNING 3
INTRODUKTION 6
ÄPPLETATINER 7
   1. ÄPPLE OCH RUSSIN TARTE TATIN 8
   2. TRANBÄRSÄPPLE TARTE TATIN 10
   3. MAPLE PECAN ÄPPEL TARTE TATIN 13
   4. RUSTIK KANELÄPPLE TARTE TATIN 15
   5. ÄPPLE & BLÅBÄR TARTE TATIN 17
   6. ÄPPLE OCH PERSIMMON TARTE TATIN 19
   7. ÄPPLE GRANATÄPPLE TARTE TATIN 22
   8. ÄPPEL INGEFÄRA UPP OCH NER KAKA 24
   9. UPP OCH NER ÄPPELNÖTSTÅRTA 27
   10. ÄPPEL-KOLA UPP OCH NER TÅRTA 30
   11. ÄPPEL-PEKANNÖT UPP OCH NER TÅRTA 33
   12. UPP OCH NER ÄPPELTRANBÄRSTÅRTA 36
PÄRON- OCH KVITENTATINER 39
   13. MAPLE-PEAR TARTE TATIN 40
   14. GINGERED PEAR TART TATIN 42
   15. PÄRON OCH VANILJ UPP OCH NER PANNKAKA 45
   16. KVITTEN OCH KARDEMUMMA TARTE TATIN 48
   17. TARTE TATIN AV KVITTEN OCH MANDEL 50
   18. HONUNGSPÄRON UPP OCH NER TÅRTA 52
   19. VANILJPOCHERAT PÄRON OCH HONUNG TARTE TATIN 55
   20. TARTE TATIN AV KVITTEN OCH KANEL 57
   21. SAFFRAN OCH PISTAGE PÄRON TATIN 59
   22. PÄRON, CHOKLAD OCH HASSELNÖT TATIN 61
BANANKATOR 63
   23. BANAN UPP OCH NER TÅRTA 64
   24. BANAN VALNÖT UPP OCH NER TÅRTA 67
   25. BANAN-ANANAS UPP OCH NER TÅRTA 70
   26. INDIVIDUELLA UPP-OCH-NEDVÄNDA BANANNÖTSKAKOR 72
BÄR- OCH FIKONTATINER 74
   27. FIKON, HASSELNÖT OCH VANILJ TARTE TATIN 75
   28. BLANDAD BERRY TARTE TATIN 77
   29. HALLON OCH ÄPPLE TARTE TATIN 79
   30. BLÅBÄR OCH ÄPPLE TARTE TATIN 81
   31. FÖR BJÖRNBÄR OCH WHISKYÄPPLEN 84
   32. PERSIKA OCH BLACKBERRY TARTE TATIN 87
   33. KÖRSBÄR UPP OCH NER TÅRTA 89
   34. BLACKBERRY UPSIDE-DOWN CAKE 91

35. Blåbär upp och ner tårta 94
36. Körsbärsananas upp och ner tårta 96
37. Persimmon upp och ner kaka 98
38. Hallon upp och ner tårta 100

CITRUSFRUKTER TATINS 102
39. Apelsin och kola Tarte Tatin 103
40. Rabarber apelsin Tarte Tatin 105
41. Apelsin och kardemumma Tarte Tatin 107
42. Miso pine lime tarte tatin 110
43. Tarte Tatin för blodapelsin och kardemumma 112
44. Clementine och Mandel Tarte Tatin 114
45. Upp och ner grapefrukt & dragonkaka 116
46. Kumquat upp och ner tårta 119
47. Meyer Lemon Upside-Down Cake 122
48. Orange upp och ner ostkaka 125
49. Upp och ner citronpuddingkaka 128
50. Fruit Cocktail Upside-Down Cak e 130
51. Upp och ner vintercitruskaka 132
52. Whisky-Yuzu Savarin upp och ner kaka 135

STENFRUKKTATINER 138
53. Peach och Pecan Tatin 139
54. Aprikos Tarte Tatin 141
55. Varm plommon Tarte Tatin 143
56. Tarte Tatin av plommon och mandel 145
57. Tarte Tatin av körsbär och balsamico 147
58. Aprikos och lavendel Tarte Tatin 149
59. Nektarin och timjan Tarte Tatin 151
60. Tarte Tatin med körsbär och choklad 153
61. Plommon och stjärnanis Tarte Tatin 155
62. Vit persika tarte tatin med timjan 157
63. Plommon och tranbär tarte Tatin 159
64. Aprikos upp och ner kaka 161
65. Körsbär-nektarin upp och ner tårta 164
66. Upp och ner kaka med persika och pekannöt 167
67. Persika-pepparkaka upp och ner tårta 170
68. Persika-tranbär upp och ner tårta 173
69. Plommon upp och ner tårta 176

TROPISKA FRUKTTATINER 179
70. Ananas Tarte Tatin 180
71. Banan och kola Tarte Tatin 182
72. Tatin för ananas och kardemumma 184
73. Tarte Tatin för ananas och kokos 186
74. Mango och Lime Tarte Tatin 188

75. Papaya och passionsfrukt Tarte Tatin 190
76. Kiwi och Mint Tarte Tatin 192
77. Banan och macadamianötter Tarte Tatin 194
78. Kokos och mango Tarte Tatin 196
79. Papaya och Lime Tarte Tatin 198
80. Passionsfrukt och ananas Tarte Tatin 200
81. Mini Lychee Tart Tatin 202
82. Mango upp och ner tårta 205
83. Mango-nöt upp och ner apelsinkaka 207
84. Upp och ner mango och kokosnötskaka 210
85. Hallon-Mango upp och ner tårta 213
86. Ananas Aprikos upp och ner kaka 215
87. Ananas rosmarin upp och ner kaka e 218
88. Ananas upp och ner ingefärskaka 221
89. Upp och ner kaka med ananas och ost 224

VEGGIE TAKOR 227
90. Rabarber upp och ner tårta 228
91. Pumpa upp och ner tårta 231
92. Upp och ner kaka med ananas-zucchini 233
93. Betor upp och ner tårta 236
94. Persika och Palsternacka upp och ner tårta 238
95. Upp och ner Morotskaka 240

CHOKLADTAKOR 243
96. Choklad aprikos upp och ner kaka 244
97. Choklad körsbär upp och ner tårta 247
98. Choklad nöt upp och ner tårta 249
99. Kokos upp och ner kaka 252
100. Jack Daniel's Upside Down Chocolate Cheesecake 255

SLUTSATS 258

INTRODUKTION

Välkommen till "DEN KOMPLETTA KOKBOKEN TARTE TATIN: Dyk into the World of Upside-Down Delights with 100 Delectable Recipes." Tarte Tatin, med sina karamelliserade äpplen och smöriga bakverk, är en klassisk fransk dessert som glädjer sinnena och fångar essensen av rustik elegans. I den här kokboken inbjuder vi dig att ge dig ut på en kulinarisk resa genom Tarte Tatins värld, och utforska 100 oemotståndliga recept som visar upp mångsidigheten och läckerheten hos denna älskade dessert.

Tarte Tatin är mer än bara en efterrätt; det är en hyllning till säsongens frukt, smöriga bakverk och karamelliseringens magi. I den här kokboken kommer vi att fördjupa oss i konsten att göra Tarte Tatin, från att bemästra den perfekta karamellen till att skapa flagnande bakverk och arrangera frukt med precision och stil. Oavsett om du bakar för ett speciellt tillfälle, en mysig familjemiddag eller bara är sugen på en smak av Frankrike, hittar du massor av inspiration på dessa sidor.

Varje recept i den här kokboken är noggrant utformad för att framhäva de unika smakerna och texturerna hos Tarte Tatin, samtidigt som de erbjuder kreativa vändningar och variationer som kommer att glädja dina smaklökar. Från klassisk äpple Tarte Tatin till innovativa skapelser med päron, persikor, bär och mer, det finns en Tarte Tatin för varje säsong och varje smak.

Med tydliga instruktioner, användbara tips och fantastisk fotografering gör "DEN KOMPLETTA KOKBOKEN TARTE TATIN" det enkelt att återskapa magin i denna älskade franska dessert i ditt eget kök. Oavsett om du är en erfaren bagare eller ny i Tarte Tatins värld kommer du att känna dig säker när du ger dig ut på ditt kulinariska äventyr och skapar vackra och läckra desserter som kommer att imponera på din familj och vänner.

ÄPPLETATINER

1.Äpple och russin Tarte Tatin

INGREDIENSER:
- 2 msk smör
- 3 matskedar rom
- 1 dl blandade russin och vinbär
- 2 pund Med äpplen
- 17 uns paket fryst smördeg
- ¼ kopp Plus 2 matskedar vitt socker
- Ugn: 400F

INSTRUKTIONER:
a) Skala, kärna ur och skär äpplena i åttondelar. Fyll en skål, tillräckligt stor för att ställa in en 9" gjutjärnspanna i, med isbitar och fyll sedan på med vatten. Smält smör i en 9" gjutjärnspanna på medelvärme. Tillsätt socker.
b) Rör om tills det är brunt och BARA karamelliserat. Placera stekpanna i isvatten för att stelna och sedan på ett galler. Ställ in ugnen. Lägg russin och vinbär i en skål. Tillsätt rom och täck med varmt vatten. Häll av efter 5 eller så minuter.
c) Strö en tredjedel av russinen och vinbären över kolan. Lägg äppelskivor, rundad nedåt och packade så tätt ihop som möjligt, i ett cirkulärt mönster. Strö över resterande russin och vinbär.
d) Skär degen 2 tum större än en stekpanna. Lägg degen ovanpå och stoppa ner sidorna och under kanten på den yttre raden av äpplen. Grädda i 30 minuter och vänd sedan upp på en dekorativ plåt medan den fortfarande är varm.
e) Servera medan den fortfarande är varm med nyvispad grädde.

2.Tranbärsäpple Tarte Tatin

INGREDIENSER:
- 1 portion Pate Sucrée
- 5 stora äpplen
- Saften av en citron
- 4 matskedar smör
- ¾ kopp plus 1 matsked socker
- ⅓ kopp tranbär (valfritt)

INSTRUKTIONER:

a) Börja med att förbereda degen. Forma den till en 5-tums skiva, slå in den i plast och ställ i kylen i minst en timme eller upp till tre dagar.
b) Ta ut degen ur kylskåpet och rulla den till en 12-tums cirkel på en lätt mjölad yta. Ta bort eventuellt överflödigt mjöl. Lägg rundan på en plåt klädd med vax eller bakplåtspapper, täck den med plastfolie och ställ i kylen tills den behövs.
c) Värm ugnen till 400 grader Fahrenheit.
d) Skala, kärna ur och skär varje äpple på mitten. Skiva sedan varje halva i tre delar och släng äppelskivorna i citronsaft. Ställ dem åt sidan.
e) Smält smöret, sockret och ¼ tesked citronsaft i en ugnssäker stekpanna, cirka 10 tum över toppen. (Se till att stekpannan har ugnsfasta handtag.) Rör om blandningen tills den får en ljus karamellfärg. Var försiktig så att du inte kokar för mycket eftersom det kommer att fortsätta att mörkna av restvärmen i pannan. Avlägsna från värme.
f) Ordna äppelskivorna med den rundade sidan nedåt, forma en cirkel runt stekpannan och lägg några i mitten. Strö ut tranbären mellan skivorna. Du kommer att ha tillräckligt med skivor för att stapla dem två djupa.
g) Ta ut degen från kylen och centrera den över stekpannan. Använd en sax för att trimma cirkeln så att den hänger över ½ tum runt om.
h) Stoppa försiktigt ner degens kant mellan äpplena och stekpannan. Pensla degen lätt med kallt vatten och strö över 1 msk socker.
i) Grädda i ca 40 minuter eller tills degen blir gyllenbrun.
j) Ta ut kastrullen från ugnen och låt den stå på galler i 5 minuter.
k) Lägg ett serveringsfat över stekpannan och vänd försiktigt upp tårtan på tallriken. (Kom ihåg att använda en grytlapp för att skydda din hand från stekpannans handtag.)
l) Servera din tranbärsäpple tarte tatin med ingefära vispad grädde. Njut av!

3.Maple Pecan Äppel Tarte Tatin

INGREDIENSER:
- 4 äpplen (Honeycrisp eller Gala)
- 75 gram osaltat smör (2½ uns)
- 100 gram farinsocker (3½ uns)
- 2 msk lönnsirap
- Handfull hackade pekannötter
- Smördegsark

INSTRUKTIONER:

a) Värm ugnen till 200°C/400°F/gasmärke 6. Skala, kärna ur och skiva äpplena.

CARAMEL MAPLE GLAZE:

b) Smält smör i en ugnssäker stekpanna. Rör ner farinsocker och lönnsirap. Tillsätt hackade pekannötter. Ordna äppelskivor.

c) Täck med ett lager smördeg. Stick in kanterna.

d) Grädda i 20-25 minuter tills degen är gyllenbrun.

e) Vänd upp på ett serveringsfat, låt karamell och pekannötter täcka äpplena. Servera varm.

4.Rustik kaneläpple Tarte Tatin

INGREDIENSER:

- 4 stora äpplen (blandade varianter)
- 100 gram osaltat smör (3½ uns)
- 150 gram strösocker (5,3 ounces)
- 1 msk mald kanel
- Grovformad smördeg

INSTRUKTIONER:

a) Värm ugnen till 200°C/400°F/gasmärke 6. Skala, kärna ur och skär äpplena i rustika bitar.
b) Smält smör i en ugnssäker stekpanna. Strö över socker och kanel jämnt. Tillsätt äppelbitarna.
c) Täck med grovt formad smördeg, lämna några luckor för en rustik look.
d) Grädda i 20-25 minuter eller tills degen är gyllenbrun.
e) Vänd upp på en tallrik, låt de karamelliserade äpplena rinna över. Servera varm.

5.Äpple & blåbär Tarte Tatin

INGREDIENSER:
- 2 uns smör
- 2 uns strösocker
- 1 tsk vaniljsocker
- 4 Dessertäpplen
- 3 uns Blåbär kan använda tinade frysta
- 1 Pack färdig rullad smördeg

INSTRUKTIONER:
a) Värm ugnen till 200°C.
b) Skala äpplena och skär dem sedan på mitten. Gröp ur kärnan (en melonballer är användbar här) och skär försiktigt bort stjälken och basen för att lämna en så nära perfekt halvmåneform som möjligt.
c) Smält smöret i en 20 cm / 8" Tarte Tatin-plåt (eller en ugnssäker stekpanna) på medelvärme.
d) Sänk värmen och rör ner sockret tills det börjar karamelliseras (ungefär en minut).
e) Tillsätt de halverade äpplena och koka försiktigt i 10 minuter och vänd på äpplena för att belägga dem med kolasmör.
f) Ta av formen från värmen och med äpplena med snittsidan uppåt, sätt in blåbären mellan springorna.
g) Strö 1 tsk vaniljsocker över äpplena.
h) Rulla nu ut smördegen och sticka över den med en gaffel.
i) Lägg degen över äpplena och putsa med sax och lämna kvar ett överskott på 2 cm.
j) Stoppa överflödig degen över äpplena.
k) Tillaga på mitten av ugnen i 25 minuter tills degen är gyllenbrun.
l) Lägg ett serveringsfat ovanpå och vänd upp och ned för att servera, ta försiktigt bort formen.
m) Servera med en kula glass.

6.Äpple och Persimmon Tarte Tatin

INGREDIENSER:

- ¼ kopp (½ pinne) osaltat smör
- ½ kopp socker
- ½ vaniljstång, delad på längden
- ⅛ tesked koshersalt
- 1 matsked plus 1 tesked konjak, uppdelat
- 2 pund Pink Lady eller andra skarpa äpplen, skalade, urkärnade, delade i fjärdedelar
- 1 pund Fuyu persimmons (ca 4), skalade, halverade
- 1 plåt fryst smördeg, tinad
- Allroundmjöl (för att pudra)
- 1 kopp tung grädde

INSTRUKTIONER:

a) Smält smör i en 11" stekpanna på medelhög värme, pensla sidorna av stekpannan med smör när det smälter. Strö socker jämnt över botten av stekpannan och skrapa i vaniljfrön; spara baljan för annan användning.

b) Koka ostört tills sockret är jämnt fuktat, ca 1 minut. Rör i salt och 1 msk konjak och ta sedan bort pannan från värmen.

c) Ordna så många äpplen som passar, med rundad sida nedåt, i en tätt packad cirkel runt stekpannans ytterkant; reservera de återstående äpplena. Fyll i mitten med persimmons, rundad nedåt.

d) Koka på medelvärme tills juicen börjar bubbla, cirka 2 minuter.

e) Sänk värmen till medel-låg och fortsätt tillagan (när äpplen kokar, kommer de att krympa; tryck in resterande råa äpplen i luckor, reservera eventuella extra bitar för annan användning) tills äpplena är mjuka och karamellen har en djupt gyllene färg, 35–40 minuter.

f) Placera under tiden gallret i mitten av ugnen; förvärm till 400°F. Ställ stekpannan på en folieklädd bakplåt för att fånga upp eventuella droppar.

g) Kavla försiktigt ut smördegen på en lätt mjölad arbetsyta och jämna ut veck. Skär i en runda som passar tätt och spola in i stekpannan. Drapera smördegen över äpplena. Grädda tills degen är svälld och gyllenbrun, 30–35 minuter.

h) Överför kastrullen till ett galler och låt stå tills den bubblande karamellen avtagit ca 5 minuter. Kör försiktigt en smörkniv runt kanterna på stekpannan och vänd sedan upp en tallrik med en läpp över stekpannan. Använd grytlappar för att hålla grytan och fatet tätt ihop, vänd upp tårtan på fatet.

i) Använd en bordskniv eller gummispatel, tryck ut eventuell frukt som fastnar på stekpannan på tårtan och pensla sedan överflödig karamell i stekpannan över tårtan. Låt svalna i minst 15 minuter.

j) Under tiden, använd en elektrisk mixer på medelhög hastighet, vispa grädden till medelstora toppar i en stor skål och vänd sedan i den återstående 1 teskeden konjak. Servera tårtan med vispad grädde.

7.Äpple Granatäpple Tarte Tatin

INGREDIENSER:
- 4-5 medelstora äpplen, skalade, urkärnade och skivade
- 1 kopp granatäpple
- 1 kopp strösocker
- ½ kopp osaltat smör
- 1 tsk vaniljextrakt
- 1 plåt smördeg, tinad om den är fryst
- En nypa salt

INSTRUKTIONER:
a) Värm ugnen till 375°F (190°C).
b) Smält smöret på medelvärme i en ugnssäker stekpanna. Tillsätt sockret och koka under konstant omrörning tills sockret löst sig och blir till en gyllene karamell. Var försiktig så att du inte bränner den.
c) Lägg äppelskivorna i ett cirkulärt mönster över karamellen, se till att de är tätt packade. Strö en nypa salt över äpplena för balans.
d) Fördela granatäpplen jämnt över äpplena, skapa en levande kontrast av färger.
e) Ringla vaniljextraktet över frukten, låt den aromatiska essensen tränga in i skålen.
f) Kavla ut smördegsarket så att det passar storleken på din stekpanna. Lägg den över äpplena, stoppa försiktigt in kanterna för att skapa en tät tätning.
g) Sätt in grytan i den förvärmda ugnen och grädda i 25-30 minuter eller tills degen är gyllenbrun och puffad.
h) Ta försiktigt ut stekpannan från ugnen. Lägg ett serveringsfat över stekpannan och vänd snabbt upp tårtan med ugnsvantar på fatet. Var försiktig eftersom karamellen kan vara het.
i) Låt tårtan svalna några minuter innan den skärs upp och serveras. Kombinationen av äpple, granatäpple och karamelliserad godhet skapar en härlig smakprofil.
j) Servera med en kula vaniljglass för extra njutning.
k) Garnera med ett stänk av ytterligare granatäpple för en friskhet.

8. Äppel ingefära upp och ner kaka

INGREDIENSER:
- 3 msk smör eller margarin
- ¼ kopp fast förpackat farinsocker
- 1 msk Finhackad kristalliserad ingefära
- 2 koka äpplen, skalade och tunt skivade
- 1 msk citronsaft
- ½ kopp smör eller margarin, mjukat
- 1 kopp socker
- 2 stora ägg
- 1 ½ koppar universalmjöl
- 2 tsk Bakpulver
- ½ tsk salt
- ½ tsk Mald kanel
- ½ kopp mjölk
- ½ tsk vaniljextrakt

INSTRUKTIONER:
a) Värm ugnen till 350°F (175°C).
b) Rengör en gjutjärnspanna med tvål och vatten och placera den sedan i en varm ugn eller på spishällen på medelhög värme tills allt kvarvarande vatten avdunstar.
c) Smält 3 matskedar smör i den förvärmda stekpannan. Ta kastrullen från värmen och strö farinsocker och finhackad kristalliserad ingefära över det smälta smöret.
d) Kasta de tunt skivade äpplena med citronsaft och lägg dem över farinsocker- och ingefärsblandningen i stekpannan. Avsätta.
e) I en mixerskål, vispa ½ kopp mjukt smör på medelhastighet med en elektrisk mixer tills det är krämigt. Tillsätt gradvis sockret, vispa ordentligt tills blandningen är slät. Tillsätt äggen ett i taget, blanda efter varje tillsats.
f) I en separat skål, kombinera allsidigt mjöl, bakpulver, salt och mald kanel. Tillsätt denna torra blandning till smörblandningen växelvis med mjölken, börja och sluta med mjölblandningen. Rör i vaniljextraktet tills smeten är väl blandad.
g) Häll kaksmeten jämnt över de ordnade äpplena i stekpannan.

h) Grädda kakan i den förvärmda ugnen i 35 till 40 minuter eller tills en träplock som satts in i mitten kommer ut ren.

i) När kakan är gräddad låter du den svalna i stekpannan på galler i 5 minuter. Vänd sedan försiktigt upp stekpannan på ett serveringsfat för att forma ut kakan.

j) Din läckra äppel ingefära upp och ner är nu redo att serveras och avnjutas!

9.Upp och ner äppelnötstårta

INGREDIENSER:
GARNERING:
- 3 matskedar osaltat smör, plus 1 tesked
- 8 små sötsyrliga äpplen, skalade, urkärnade och skurna i åttondelar
- ½ kopp (förpackat) ljust brunt socker

KAKA:
- ¼ pund osaltat mjukat smör
- 1 kopp socker
- 2 stora ägg
- 1 ½ tsk vaniljextrakt
- 1 ¾ koppar allsidigt mjöl
- 2 tsk Bakpulver
- ½ tsk Kosher salt
- ½ kopp malda valnötter
- ½ kopp mjölk

INSTRUKTIONER:

a) För toppingen, smält 1 tesked smör i en medelstor gjutjärnspanna på medelhög värme.

b) Lägg i äppelskivorna och fräs dem tills de är karamelliserade i cirka 10 minuter.

c) I en liten kastrull, kombinera de återstående 3 matskedarna smör och farinsockret, rör om på låg värme tills det smält och väl blandat.

d) Smöra en 10-tums kakform med 3-tums sidor och fördela brunsockerblandningen jämnt på botten. Ordna de karamelliserade äppelskivorna i koncentriska cirklar ovanpå farinsockerblandningen. Avsätta.

e) Värm ugnen till 350°F (175°C).

f) I en stor mixerskål, grädde det mjuka smöret och sockret tillsammans med en elektrisk mixer tills det är ljust och fluffigt. Tillsätt äggen, ett i taget, vispa tills blandningen är ljus. Blanda i vaniljextraktet.

g) I en separat skål, kombinera all-purpose mjöl, bakpulver, kosher salt och malda valnötter. Tillsätt gradvis de torra ingredienserna till äggblandningen, omväxlande med mjölken, blanda bara tills allt är kombinerat.

h) Fördela kaksmeten jämnt över de upplagda äppelskivorna i kakformen.

i) Grädda kakan i den förvärmda ugnen tills den fjädrar tillbaka vid beröring i mitten, cirka 1 timme.

j) Låt kakan stå i formen i 10 minuter. Vänd sedan försiktigt upp kakan på ett tårtfat och låt den svalna.

k) Servera äppelnötstårtan lätt varm eller i rumstemperatur.

l) Njut av denna förtjusande dessert med sin karamelliserade äppletoppning och nötaktiga smaker. Serverar 8 till 10.

10. Äppel-kola upp och ner tårta

INGREDIENSER:
- 1 stort äpple, skalat, urkärnat och tunt skivat
- 10 matskedar sött smör, mjukat
- 1 ¼ koppar granulerat vitt socker plus 3 matskedar
- 2 ägg
- 1 kopp pekannötter, hackade
- 1 tsk kanel
- 2 dl vitt vetemjöl
- 1 tsk Bakpulver
- ½ tesked bakpulver
- ¼ tesked salt
- 1 kopp gräddfil
- ½ tsk vaniljextrakt

INSTRUKTIONER:
a) Skala, kärna ur och skiva äpplet tunt. Smält 2 matskedar smör i en 9-tums gjutjärnspanna på medelhög värme. Lägg i äppelskivorna och fräs dem tills de har vissnat i cirka 3 minuter. Överför äppelskivorna till en tallrik.
b) Öka värmen till hög, tillsätt ¼ kopp socker i stekpannan och koka, rör om ofta, tills sockret smält och blir gyllene, cirka 3 minuter. Ta kastrullen från värmen och arrangera äppelklyftorna i ett cirkulärt mönster över botten. Ställ stekpannan åt sidan.
c) Hacka pekannötterna och släng dem med 3 matskedar socker och kanel. Avsätta.
d) Sikta mjölet med bakpulver, bakpulver och salt; avsätta.
e) Vispa det återstående mjuka smöret i en skål tills det blir ljusare. Vispa gradvis i 1 kopp socker, ägg (ett i taget), gräddfil och vaniljextrakt. Vänd ner de torra ingredienserna i smeten.
f) Justera ugnsgallret till mittläget och förvärm ugnen till 350°F (175°C).
g) Strö hälften av pekannötsblandningen över de ordnade äpplena i stekpannan. Bred försiktigt ut hälften av kaksmeten över pekannötterna med hjälp av fingrarna eller en sked. Strö den återstående pekannötsblandningen över smeten och bred sedan den återstående kaksmeten över pekannötterna.

h) Grädda kakan tills toppen är gyllene och en tandpetare i mitten kommer ut ren, ca 45 minuter.

i) Låt kakan svalna på galler i 5 minuter. Kör en liten kniv längs kanten på tårtan och vänd försiktigt upp kakan på ett serveringsfat. Om några äppelskivor fastnar i stekpannan, lossa dem med en kniv och placera dem på kakan.

j) Servera äppelkola upp och ner kakan lätt varm eller i rumstemperatur. Du kan förvara den täckt i rumstemperatur i upp till 2 dagar. Njut av!

11. Äppel-pekannöt upp och ner tårta

INGREDIENSER:
GARNERING:
- 2 uns hackade pekannötter
- ¼ kopp smör
- 1 kopp Ljusfarinsocker, packat
- 2 Granny Smith-äpplen, skalade, urkärnade och skivade

KAKA:
- 1 kopp mjöl
- 2 tsk Bakpulver
- ½ tsk Mald kanel
- ¼ tesked salt
- 6 matskedar smör, mjukat
- ¾ kopp socker
- 1 ägg
- ½ tsk vaniljextrakt
- 6 matskedar Mjölk
- Frivillig:
- Vispad grädde till servering

INSTRUKTIONER:

a) Värm ugnen till 450°F (230°C) och rosta de hackade pekannötterna på en osedd plåt tills de är lättbruna i cirka 10 minuter. Håll ett öga på dem för att förhindra brännskador. Ta ut ur ugnen och ställ åt sidan.

b) Smält smöret i en liten, tjock kastrull. Tillsätt det ljusa farinsockret och koka, rör om bara tills det smält, i cirka 3 till 5 minuter. Var försiktig eftersom socker lätt kan brännas.

c) Häll smör-sockerblandningen i en 9-tums rund nonstick kakform, sprid ut den för att täcka botten. Strö de rostade hackade pekannötterna ovanpå smör-sockerblandningen. Ordna de skivade äpplena i koncentriska cirklar, något överlappande, över pekannötterna.

TILL TÅKSMETEN

d) Sikta mjöl, bakpulver, mald kanel och salt i en separat skål.

e) Använd en elektrisk mixer och vispa det mjukade smöret på medelhastighet tills det är ljust och fluffigt. Tillsätt sockret och fortsätt vispa tills blandningen blir krämig, vilket kan ta 3 till 5 minuter.

f) Tillsätt ägget och vaniljextraktet, fortsätt att vispa tills det är helt införlivat.
g) Sänk mixerhastigheten till låg och tillsätt mjölblandningen och mjölken omväxlande i 3 tillsatser. Blanda bara tills de torra ingredienserna är helt kombinerade, stoppa för att skrapa sidorna av skålen om det behövs.
h) Skeda försiktigt kaksmeten över den förberedda toppingen i kakformen, fördela den jämnt.
i) Grädda kakan vid 325°F (165°C) tills en tandpetare som sticks in i mitten kommer ut ren, cirka 55 minuter.
j) Låt kakan svalna i formen i 10 till 15 minuter. Kör försiktigt en spatel runt kanten på pannan och låt den stå i ytterligare 10 till 15 minuter.
k) Vänd upp kastrullen över en stor plåt och låt stå i ca 3 minuter. Ta försiktigt bort pannan och avslöjar det vackra upp och nedvända arrangemanget av äpplen och pekannötter.
l) Servera äppel-pekannötkakan varm med färsk vispad grädde på toppen om så önskas. Njut av denna läckra goding!

12. Upp och ner äppeltranbärstårta

INGREDIENSER:
FÖR FRUKTEN:
- 2 medelfasta äpplen, som Granny Smith eller Jonagold
- 4 matskedar (½ pinne) osaltat smör, plus mer till pannan
- ½ kopp packat ljust farinsocker
- ¾ tesked mald kanel
- ½ tsk kosher salt
- 1 ¼ koppar färska eller frysta tranbär (tina inte)

TILL TÅRAN:
- 1 kopp strösocker
- ¾ kopp gräddfil
- ½ kopp vegetabilisk olja eller 8 matskedar smält osaltat smör
- 1 stort ägg
- 1 stor äggula
- 2 tsk vaniljextrakt
- 1 ½ tsk bakpulver
- ¾ tesked kosher salt
- 1 ½ dl universalmjöl
- Vaniljglass, till servering

INSTRUKTIONER:
GÖR FRUKTEN:
a) Placera ett galler i mitten av ugnen och förvärm till 350°F. Smörj bara sidorna av en 9-tums rund kakform med osaltat smör.

b) Skala, halvera och kärna ur de bakade äpplena. Skiva dem i ⅛ till ¼-tums tjocka skivor (cirka 2 koppar).

c) Lägg 4 matskedar osaltat smör i kakformen och grädda tills det smält cirka 3 minuter. Ta försiktigt ut pannan från ugnen och tillsätt det packade ljusa farinsockret, malen kanel och koshersalt. Rör om tills sockret smält. Tillsätt de skivade äpplena och tranbären och rör om för att täcka.

d) Sätt tillbaka formen i ugnen och grädda tills tranbären mjuknat och karamellblandningen smält 3 till 5 minuter. Ta ut pannan från ugnen och arrangera försiktigt frukten så att den täcker botten av pannan, se till att vissa tranbär ligger rakt mot botten för ett attraktivt utseende. Ställ åt sidan för att svalna något medan du gör kaksmeten.

GÖR TÅRAN:

e) I en stor skål, vispa ihop strösocker, gräddfil, vegetabilisk olja eller smält osaltat smör, ägg, vaniljextrakt, bakpulver och koshersalt tills det kombineras.

f) Vänd försiktigt ner universalmjölet med en smidig spatel precis tills sista strecket försvinner. Var noga med att inte övermixa.

g) Skrapa ner kaksmeten i formen, tryck försiktigt mot kanterna för att täcka frukten helt.

h) Grädda i 20 minuter, rotera sedan pannan och grädda i ytterligare 20 minuter eller tills en testare som är insatt i mitten kommer ut ren med några fuktiga smulor.

i) Kör en tunn kniv runt kanten på formen direkt efter att du tagit ut den ur ugnen. Låt kakan svalna i 5 minuter, vänd sedan upp ett serveringsfat över kakan och vänd den försiktigt. Ta bort kakformen, och om någon frukt fastnar i formen, ta försiktigt bort och ställ tillbaka den ovanpå kakan.

j) Låt kakan svalna tills toppingen stelnat lite, ca 30 minuter, eller till rumstemperatur. Servera med vaniljglass. Njut av äppeltranbärskakan upp och ned, helst samma dag som den görs.

PÄRON- OCH KVITENTATINER

13. Maple-Pear Tarte Tatin

INGREDIENSER:

- ½ (17,3 ounce) paket fryst smördeg, tinat
- ¼ kopp smör
- ⅓ kopp farinsocker
- ¼ tesked mald kanel
- 1 nypa mald muskotnöt
- ¼ kopp lönnsirap
- 4 medelfasta päron - skalade, urkärnade och halverade

INSTRUKTION S:

a) Värm ugnen till 375 grader F (190 grader C).
b) Kavla ut smördegen på en lätt mjölad yta till ¼-tums tjocklek; ställ i kylen.
c) Smält smör i en 9-tums gjutjärnsgryta över medelvärme; rör ner farinsocker, kanel och muskotnöt och koka och rör tills sockret löst sig, cirka 5 minuter. Vispa
d) lönnsirap i farinsockerblandning; koka under omrörning tills blandningen börjar bubbla.
e) Ta bort stekpannan från värmen.
f) Placera en päronhalva, med den skurna sidan uppåt, i mitten av stekpannan. Skär in resterande päronhalvor
g) hälften igen; arrangera päronfjärdedelar runt mittpäronet, skära sidorna uppåt. Placera stekpannan över medel-låg värme; koka päron, tråckla med sirapsblandningen, tills de börjar mjukna, ca 5 minuter. Ta bort stekpannan från värmen.
h) Ta ut smördegen från kylskåpet; lägg degen över päronen, stoppa in kanterna på degen runt päronen inuti stekpannan.
i) Baka i den förvärmda ugnen tills degen är puffad och gyllene, cirka 20 minuter; låt svalna i 5 minuter. Lägg en serveringsfat över stekpannan; vänd upp och ner för att ta bort tårtan (grytan är fortfarande varm). Servera varm.

14. Gingered Pear Tart Tatin

INGREDIENSER:
- 2 koppar socker (delat) plus ytterligare en ⅓ kopp
- 8 fasta mogna päron (Bosc eller Comice)
- 1 kopp smör, skuren i 16 bitar
- 3 matskedar skalad färsk ingefära, hackad
- 1 obakat pajskal (10 eller 11 tum)
- Creme Fraiche eller gräddfil (valfritt)

INSTRUKTIONER:

a) I en medelstor kastrull med tjock botten, kombinera 2 koppar socker och 1 kopp vatten. Rör om för att kombinera. Sätt kastrullen på hög värme, låt den koka upp och låt koka i 15 till 20 minuter tills blandningen börjar ändra färg. Blandningen ska nå en mörk mahognyfärg; var försiktig så att det inte bränns. Häll försiktigt den här blandningen i en 10-tums glaspajplatta, luta och rotera pannan för att säkerställa att alla sidor och botten är väl belagda. Ställ den åt sidan.

b) Skala, kärna ur och halvera päronen. Placera 8 päronhalvor i pajplattan i en koncentrisk cirkel, med den skurna sidan uppåt, med den rundade päronbasen vänd utåt, vilket skapar ett mönster som liknar ekrarna på ett hjul. Fyll mitten med dekorativa päronbitar.

c) I en liten skål, kombinera den återstående ⅓ koppen socker och malet ingefära. Strö hälften av ingefärssockret över päronlagret, följt av hälften av smörbitarna.

d) Grovhacka de återstående 8 päronhalvorna och fördela dem jämnt över det första lagret. Strö över resten av smöret och sockret.

e) Centrera pajskalscirkeln över pajplattan, vilket möjliggör minst 1-tums överhäng, och klipp av alla ojämna kanter. Vik den överhängande skorpan under den övre cirkeln på skorpan och räffla eller krympa kanten om så önskas. Skär tre 1-tums lufthål i skorpan.

f) Grädda tårtan i mitten av en kantad plåt eller en rund pizzapanna vid 425°F i 40 minuter eller tills skorpan blir mycket knaprig.

g) Ta ut tårtan från ugnen och lägg den på ett galler. Låt stå i 5 minuter.

h) Vänd upp en värmebeständig, djup serveringsfat på pajskalet. Vänd försiktigt upp tårtan (var försiktig, det blir het juice som kan läcka ut). Låt pajfatet sitta på tårtan så att karamellen på botten av fatet lossnar och toppar päronen. Ta bort pajplattan.
i) Servera tårtan med kolasåsen som samlas på serveringsfatet. Du kan även lägga till Creme Fraiche eller gräddfil om så önskas.
j) Njut av din läckra Fall Gingered Pear Tart Tatin!

15.Päron och vanilj upp och ner pannkaka

INGREDIENSER:
- 1 vaniljstång, delad på längden
- ¼ kopp socker
- ⅔ kopp universalmjöl
- 1 tsk bakpulver
- ½ tesked bakpulver
- ¼ tesked salt
- ½ stav osaltat smör
- ½ kopp välskakad kärnmjölk
- 2 stora ägg
- 1 ½ fast mogna Bosc eller Bartlett päron (cirka ¾ pund)
- 1 msk färsk citronsaft

INSTRUKTIONER:

a) Värm ugnen till 400 grader Fahrenheit. Skrapa av vaniljfröna från baljan i en liten skål och tillsätt sockret. Gnid ihop sockret och fröna för att lossa fröna.

b) I en separat skål, sikta ihop mjöl, bakpulver, bakpulver, salt och 1 matsked vaniljsocker.

c) Smält smöret på måttligt låg värme i en välkryddad 10-tums gjutjärnspanna och ta sedan bort det från värmen. Förvara 1 matsked av det smälta smöret i en separat skål.

d) I en annan skål, vispa ihop kärnmjölken, äggen och 1 matsked smält smör (låt det återstående smöret ligga kvar i stekpannan). Vispa denna blandning i mjölblandningen tills den precis blandas. Låt smeten stå i 15 minuter.

e) Skala och kärna ur päronen och skär dem sedan på längden i ¼-tums tjocka klyftor. Kasta päronen med det återstående vaniljsockret och den färska citronsaften.

f) Ordna päronskivorna dekorativt i stekpannan med det smälta smöret. Strö eventuellt kvarvarande sockerblandning över päronen och koka på måttlig värme tills päronen knappt är mjuka och sockret börjar karamelliseras (ca 8 minuter).

g) Häll pannkakssmeten jämnt över päronen i stekpannan och grädda den i mitten av ugnen i 15 minuter.

h) Sänk ugnstemperaturen till 350 grader Fahrenheit och grädda i ytterligare 15 minuter eller tills toppen är gyllene och mitten av pannkakan är fast vid beröring.

i) Kör genast en tunn kniv runt kanten på stekpannan. Vänd en tallrik över kastrullen och vänd försiktigt upp pannkakan på tallriken, håll tallriken och kastrullen stadigt sammanpressade. Lyft försiktigt av stekpannan från kakan och byt ut eventuell frukt som kan ha fastnat i botten av stekpannan.

j) Servera päron- och vaniljpannkakan upp och ner med sirap och njut av denna läckra goding!

16.Kvitten och kardemumma Tarte Tatin

INGREDIENSER:
- 2 kvitten, skalade, urkärnade och skivade
- 75 gram osaltat smör (2½ uns)
- 100 gram strösocker (3½ uns)
- 6 kardemummaskidor, krossade
- Smördegsark

INSTRUKTIONER:
a) Värm ugnen till 200°C/400°F/gasmark 6.
b) Smält smör i en ugnssäker stekpanna. Strö socker jämnt. Tillsätt krossade kardemummaskidor. Ordna kvittenskivor.
c) Täck med ett lager smördeg. Stick in kanterna.
d) Grädda i 20-25 minuter eller tills degen är gyllenbrun.
e) Vänd upp på ett serveringsfat och se till att de karamelliserade kvittena och kardemumma ligger på toppen. Servera varm.

17.Tarte Tatin av kvitten och mandel

INGREDIENSER:

- 2 kvitten, skalade, urkärnade och skivade
- 75 gram osaltat smör (2½ uns)
- 100 gram strösocker (3½ uns)
- ½ kopp skivad mandel
- Smördegsark

INSTRUKTIONER:

a) Värm ugnen till 200°C/400°F/gasmark 6.
b) Smält smör i en ugnssäker stekpanna. Strö socker jämnt. Lägg i skivad mandel. Ordna kvittenskivor.
c) Täck med ett lager smördeg. Stick in kanterna.
d) Grädda i 20-25 minuter eller tills degen är gyllenbrun.
e) Vänd upp på ett serveringsfat och se till att de karamelliserade kvittena och mandlarna är på toppen. Servera varm.

18.Honungspäron upp och ner tårta

INGREDIENSER:
GARNERING
- 1 Päron (som Bartlett eller Anjou), skalat och tunt skivat
- 1 matsked Mjöl
- 2 tsk rivet apelsinskal
- 1 tsk mald kanel
- ½ kopp honung

KAKA
- 1 kopp universalmjöl
- 1 tsk Bakpulver
- ¼ tesked bakpulver
- ¼ tesked salt
- ½ kopp honung
- 1 ägg
- 2 msk Smör eller parvemargarin, smält
- 2 matskedar färsk apelsinjuice

INSTRUKTIONER:
GARNERING
a) Ordna päronskivorna i botten av en smord 9-tums pajform.
b) Strö mjöl, rivet apelsinskal och malen kanel över päronskivorna.
c) Ringla honungen jämnt över päronen och kryddorna.

KAKA
d) I en stor skål, kombinera allsidigt mjöl, bakpulver, bakpulver och salt och blanda väl.
e) I en liten skål, kombinera honung, ägg, smält smör eller margarin och färsk apelsinjuice och blanda väl.
f) Tillsätt honungsblandningen till mjölblandningen, rör om tills den precis blandas.
g) Fördela kaksmeten jämnt över päronen och honungen i pajformen.

BAKNING
h) Grädda kakan vid 375 grader Fahrenheit (190 grader Celsius) i 30 till 35 minuter eller tills toppen har fått fin färg.
i) Låt kakan svalna i 5 minuter på galler.
j) Vänd upp kakan på ett serveringsfat för att avslöja den vackra honungspärontoppen.
k) Servera kakan varm och njut av den härliga kombinationen av söt honung, mjuka päron och aromatiskt apelsinskal!

19.Vaniljpocherat päron och honung Tarte Tatin

INGREDIENSER:

- 4 mogna päron, skalade, urkärnade och halverade
- 75 gram osaltat smör (2½ uns)
- 100 gram strösocker (3½ uns)
- 1 vaniljstång, delad och skrapad
- 2 matskedar honung
- Smördegsark

INSTRUKTIONER:

a) Värm ugnen till 200°C/400°F/gasmark 6.
b) Vaniljpochering: Blanda smör, socker, vaniljfrön och honung i en kastrull. Värm tills sockret löst sig. Pochera päronhalvorna tills de är lite mjuka.
c) Överför pocherade päron till en ugnssäker stekpanna. Häll vanilj- och honungsblandningen över dem. Täck med ett lager smördeg. Stick in kanterna.
d) Grädda i 20-25 minuter eller tills degen är gyllenbrun.
e) Vänd upp på ett serveringsfat och se till att de karamelliserade vanilj-honungspäronen ligger på toppen. Servera varm.

20.Tarte Tatin av kvitten och kanel

INGREDIENSER:

- 2 kvitten, skalade, urkärnade och skivade
- 75 gram osaltat smör (2½ uns)
- 100 gram strösocker (3½ uns)
- 1 tsk mald kanel
- Smördegsark

INSTRUKTIONER:

a) Värm ugnen till 200°C/400°F/gasmark 6.
b) Smält smör i en ugnssäker stekpanna. Strö socker jämnt. Tillsätt mald kanel. Ordna kvittenskivor.
c) Täck med ett lager smördeg. Stick in kanterna.
d) Grädda i 20-25 minuter eller tills degen är gyllenbrun.
e) Vänd upp på ett serveringsfat och se till att de karamelliserade kvitten och kanel ligger på toppen. Servera varm.

21.Saffran och Pistage Päron Tatin

INGREDIENSER:
FÖR SKORPA:
- 1 pinne (125g) osaltat smör, tärnad
- 2 ½ koppar (300 g) universalmjöl
- 1 stort ägg
- 1–2 tsk vatten

FÖR FYLLNING:
- 3–4 päron, skalade och skurna i fjärdedelar
- ½ kopp (100 g) socker
- ¼ kopp (ca 50 g) osaltat smör
- 1g saffran
- 1 näve pistagenötter, krossade

INSTRUKTIONER:
a) Värm ugnen till 350°F (180°C) och klä en 10-tums (25-26 cm) springform med löstagbar botten med bakplåtspapper. Täck springformens utsida med folie.

b) Till pajskalet: tärna smöret och blanda snabbt med mjölet. Tillsätt ägget och rör om med en träspatel. Tillsätt vatten efter behov (degen ska vara smidig och inte kladdig) och forma till en fast deg. Slå in i matfilm och ställ åt sidan.

c) Skala och kärna ur päronen och skär dem sedan i fjärdedelar. Visa inuti springformen, den kurviga delen vidrör botten av formen.

d) Koka sockret i en medelstor kastrull placerad på låg värme, utan att röra det. När sockret börjar bli något gyllene, ta bort från värmen och häll på päronen. Strö över smör (tärnat) och saffran.

e) Rulla degen till en lite större cirkel än springformens storlek och lägg den sedan över päronen. Lägg försiktigt sidorna mellan päronen och kanten på formen. Gör några snitt i skorpan med en vass kniv för att lämna luften ute.

f) Grädda i ca 40-45 minuter, tills skorpan är gyllene. Ta ut ur ugnen och låt svalna något innan du vänder tarte tatin upp och ner på ett serveringsfat.

g) Rosta pistagenötterna lätt i en stekpanna tills de är gyllene, rör hela tiden och strö över tarte tatin. Servera med vaniljglass eller vispad grädde.

22.Päron, Choklad och Hasselnöt Tatin

INGREDIENSER:
- 320 grams förpackning färdigkavlad smördeg
- 70 gram osaltat smör
- 100 gram strösocker
- 1 tsk malen stjärnanis
- 4-6 päron (skalade, halverade på längden och kärnade ur)
- 50 gram rostade hackade hasselnötter
- 50 gram mörk choklad (70 procent kakao), grovt hackad
- 1 ägg (lätt uppvispat)

INSTRUKTIONER:
a) Värm ugnen till 180°C (350°F), gasmärke 4.
b) Rulla ut degen innan du börjar laga mat.
c) Ta en 20–23 cm (8–9 tum) ugnssäker långpanna och skär ut en cirkel av bakverk i storleken på pannan. Lägg degen på en plåt och ställ in i kylen tills den behövs.
d) Lägg smöret och sockret i den ugnsfasta stekpannan och låt koka på svag värme i 5–6 minuter tills det är karamelliserat. Tillsätt stjärnanisen och rör om.
e) Ta kastrullen från värmen och lägg päronen, med de skurna sidorna uppåt, ovanpå karamellen, behåll deras smala ändar i mitten. Pensla lite av kolan över päronen med en konditorivaror. Grädda i 30 minuter tills päronen är mjuka.
f) Strö hasselnötterna i springorna mellan päronen och strö sedan ut chokladen ovanpå nötterna.
g) Lägg bakelsecirkeln ovanpå och stoppa ner den runt päronen
h) Använd en kniv och skär snitt överallt för att släppa ut lite ånga.
i) Pensla det hela med lite uppvispat ägg och grädda i 25–30 minuter tills det är gyllene. Låt den stå någon minut innan du vänder ut den på en tallrik.
j) Skiva och servera.

BANANKATOR

23.Banan upp och ner tårta

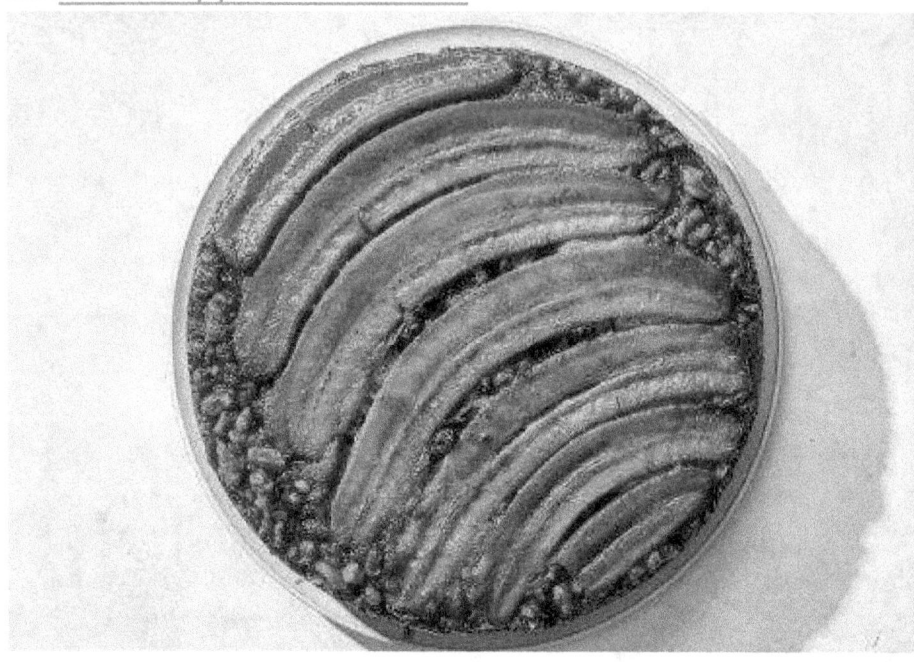

INGREDIENSER:
- 9 ½ msk smör
- ½ kopp farinsocker
- 1 ½ koppar strösocker
- 1 kopp mosade bananer
- 2 ägg
- 1 msk vaniljextrakt
- ¼ kopp mörk rom
- 2 koppar allsidigt mjöl
- 1 tsk bakpulver
- ½ tsk salt
- 1 tsk mald kanel
- ½ tsk Muskotnöt
- ¼ tesked mald ingefära
- ½ kopp gräddfil
- 2 stora omogna bananer, skurna i 1/2-tums skivor
- 1 ¼ koppar valnötter, trasiga

INSTRUKTIONER:

a) Värm ugnen till 350°F (175°C). I en 10-tums ugnssäker stekpanna, smält 5 ½ matskedar smör med farinsockret på mycket låg värme.

b) Under tiden, i en stor blandningsskål, grädda de återstående 4 matskedarna smör med strösockret tills det är ljust och fluffigt.

c) Tillsätt de mosade bananerna, äggen, vaniljextraktet och mörk rom till smör-sockerblandningen. Rör om tills det är väl blandat.

d) I en separat skål, vispa ihop all-purpose mjöl, bakpulver, salt, mald kanel, muskotnöt och mald ingefära.

e) Tillsätt gradvis de torra ingredienserna till bananblandningen, omväxlande med gräddfilen, och blanda tills det är väl införlivat.

f) Lägg bananskivorna i ett vackert mönster över den smälta farinsockerblandningen i stekpannan. Strö de trasiga valnötterna ovanpå bananerna.

g) Häll kaksmeten jämnt över bananerna och valnötterna.

h) Placera stekpannan i den förvärmda ugnen och grädda i 50 till 60 minuter eller tills en tandpetare som sticks in i mitten kommer ut ren.

i) Vänd genast ut kakan på ett serveringsfat, med den karamelliserade banan-valnötstoppningen nu ovanpå.

j) Servera Banana Upside-Down-kakan varm, och om du känner dig överseende, komplettera den med en kula glass. Njut av denna läckra goding med de härliga smakerna av bananer och valnötter!

24.Banan valnöt upp och ner tårta

INGREDIENSER:
GARNERING:
- 1 kopp gyllene farinsocker, packad
- ¼ kopp osaltat smör
- 3 matskedar ren lönnsirap
- ¼ kopp valnötter, grovt hackade
- 4 stora mogna bananer, skalade och skurna diagonalt; ¼-tums skivor

KAKA:
- 1 kopp mjöl
- 2 tsk Bakpulver
- ½ tesked kanel
- ¼ tesked salt
- ¾ kopp socker
- 6 matskedar osaltat smör, rumstempererat
- 1 stort ägg
- ½ tsk vaniljextrakt
- 6 matskedar Mjölk
- Sötad vispgrädde (valfritt)

INSTRUKTIONER:
a) Värm ugnen till 325°F (160°C).

FÖR TOPPEN:
b) Kombinera brunt socker och smör i en tjock medelstor kastrull. Rör om på låg värme tills smöret smält och blandningen är väl blandad.
c) Häll blandningen i en 9-tums kakform med 2-tums höga sidor, sprid den för att täcka botten av formen. Häll den rena lönnsirapen över sockerblandningen och strö sedan de hackade valnötterna jämnt ovanpå.
d) Ordna bananskivorna i koncentriska cirklar ovanpå nötterna, lite överlappande och täcker botten av pannan.

TILL TÅRAN:
e) I en medelstor skål, rör om mjöl, bakpulver, kanel och salt för att blanda.

f) I en annan medelstor skål, vispa socker och smör tills det är krämigt. Tillsätt ägget och vaniljextraktet, vispa tills blandningen blir ljus och fluffig.

g) Slå i mjölblandningen växelvis med mjölken i tre tillsatser.

h) Häll kaksmeten över de ordnade bananerna i pannan.

i) Grädda kakan i den förvärmda ugnen i cirka 55 minuter eller tills en testare som satts in i mitten av kakan kommer ut ren.

j) Överför kakan till ett galler som svalnar. Kör en kniv runt sidorna av formen för att lossa kakan. Låt kakan svalna på galler i 30 minuter.

k) Lägg en tallrik över formen och vänd upp kakan. Låt stå i 3 minuter och lyft sedan försiktigt av pannan.

l) Servera Banana Walnut Upside-Down-kakan varm, och om så önskas, toppa den med sötad vispgrädde för en extra härlig behandling. Njut av den läckra kombinationen av karamelliserade bananer, valnötter och lönnsirap i denna härliga efterrätt!

25.Banan-ananas upp och ner tårta

INGREDIENSER:
- 3/8 kopp (6 matskedar) smör
- ¾ kopp socker
- 1 ägg
- ¾ kopp mjölk
- 2 koppar universalmjöl
- 2 tsk Bakpulver
- ½ tsk salt
- 1 Mosad banan
- 1 kopp krossad ananas
- ½ kopp hackade nötter
- ⅓ kopp smör
- ⅔ kopp brunt socker

INSTRUKTIONER:
a) Grädde 6 matskedar smör och socker. Tillsätt det uppvispade ägget och blanda väl.
b) I en separat skål, sikta ihop allsidigt mjöl, bakpulver och salt.
c) Tillsätt gradvis de torra ingredienserna till smörblandningen, omväxlande med mjölk. Blanda tills det är väl blandat.
d) Vänd ner den mosade bananen.
e) Smält ⅓ kopp smör i en separat liten kastrull och blanda i farinsockret.
f) Häll den smälta smör- och farinsockerblandningen i botten av en 8-tums fyrkantig panna eller en liten panna med änglamat.
g) Lägg den väl avrunna krossade ananasen och hackade nötterna ovanpå smör-sockerblandningen.
h) Häll smeten över ananas-nötblandningen.
i) Grädda i en förvärmd ugn vid 350 grader Fahrenheit i 20-30 minuter eller tills en tandpetare som sticks in i mitten kommer ut ren.
j) Njut av din läckra banan-ananas upp och ner tårta!

26.Individuella upp-och-nedvända banannötskakor

INGREDIENSER:

- 6 matskedar osaltat smör, mjukat
- ⅓ kopp Fast förpackat mörkt farinsocker
- ¼ kopp Lättrostade macadamianötter, grovt hackade
- 2 fasta bananer, skalade och skurna i ¼-tums tjocka skivor
- ¾ kopp universalmjöl
- ¾ tesked Bakpulver
- ¼ tesked kanel
- 1 nypa salt
- ¼ kopp strösocker
- 2 stora ägg
- ½ tsk vanilj

INSTRUKTIONER:

a) Värm ugnen till 350 grader Fahrenheit.
b) Smält 4 matskedar smör i en liten kastrull och dela det mellan fyra 1-kopps ramekins.
c) Strö jämnt över mörkt farinsocker och hackade macadamianötter över det smälta smöret i varje ramekin.
d) Lägg bananskivorna över nötterna, överlappa så att de passar.
e) I en skål, vispa ihop allsidigt mjöl, bakpulver, kanel och salt.
f) I en separat skål, kräm ihop de återstående 2 matskedar av mjukt smör och strösocker.
g) Vispa i äggen, ett i taget, och blanda sedan i vaniljen.
h) Rör ner de torra ingredienserna, blanda tills smeten precis är blandad.
i) Fördela smeten jämnt mellan de fyra ramekins.
j) Överför ramekins till en bakplåt och grädda i 25 minuter, eller tills kakorna är puffade och gyllenbruna.
k) Låt kakorna svalna i ramekins på galler i 5 minuter.
l) Kör en vass kniv runt kanterna på ramekins och vänd försiktigt upp varje kaka på serveringsfat.

BÄR- OCH FIKONTATINER

27. Fikon, hasselnöt och vanilj Tarte Tatin

INGREDIENSER:
- 50 g smör
- 50 g strösocker
- 1 vaniljstång och frön
- 6-7 fig
- 320g pack färdig rullad smördeg
- 1 ägg, uppvispat
- 25 g (1 uns) hasselnötter, hackade och rostade

INSTRUKTIONER:

a) Värm ugnen till gasmark 6, 200°C, fläkt 180°C. Smält smöret och strösockret i en 20 cm (8 tum) ugnssäker stekpanna på medelvärme, tillsätt sedan vaniljstången och fröna. Snurra runt tills det blir en gyllene karamell och ta sedan bort den tomma vaniljstången.

b) Halvera fikonen och lägg med snittsidan nedåt i pannan så att de täcker bottnen ordentligt. Låt svalna i 2 minuter.

c) Rulla ut smördegen och skär ut en cirkel 2 cm bredare än formen. Lägg över fikonen, tryck ner sidorna för att säkerställa att bakverket möter kanten. Nagga med en gaffel, pensla med uppvispat ägg och grädda sedan i 20-25 minuter.

d) Kyl 5-10 minuter i pannan, kör sedan försiktigt en vass kniv mellan degen och kanten, lägg en serveringsfat ovanpå och vänd upp pannan.

e) Strö över hasselnötterna för att servera.

28. Blandad Berry Tarte Tatin

INGREDIENSER:

- 2 dl blandade bär (jordgubbar, blåbär, hallon)
- 75 gram osaltat smör (2½ uns)
- 100 gram strösocker (3½ uns)
- 1 msk citronsaft
- Smördegsark

INSTRUKTIONER:

a) Värm ugnen till 200°C/400°F/gasmark 6.
b) Smält smör i en ugnssäker stekpanna. Strö socker jämnt. Tillsätt blandade bär och citronsaft.
c) Täck med ett lager smördeg. Stick in kanterna.
d) Grädda i 20-25 minuter eller tills degen är gyllenbrun.
e) Vänd upp på ett serveringsfat så att de saftiga bären får lysa. Servera varm.

29. Hallon och äpple Tarte Tatin

INGREDIENSER:
- 4-5 medelstora äpplen, skalade, urkärnade och skivade
- 1 kopp färska hallon
- ½ kopp osaltat smör
- 1 kopp strösocker
- 1 tsk vaniljextrakt
- 1 ark smördeg, tinat om det är fryst

INSTRUKTIONER:
a) Värm ugnen till 200°C (400°F).
b) Smält smöret på medelvärme i en ugnssäker stekpanna eller Tarte Tatin-form.
c) Strö sockret jämnt över det smälta smöret.
d) Låt sockret karamellisera, rör om då och då tills det får en gyllenbrun färg.
e) Ta kastrullen från värmen och arrangera äppelskivorna i ett cirkulärt mönster över det karamelliserade sockret.
f) Lägg hallon i springorna mellan äppelskivorna.
g) Ringla vaniljextraktet över de ordnade äpplena och hallonen.
h) Kavla ut smördegen på en mjölad yta för att passa storleken på din stekpanna.
i) Lägg försiktigt smördegen över frukten, stoppa in kanterna runt sidorna.
j) För över stekpannan till den förvärmda ugnen och grädda i 20-25 minuter eller tills smördegen är gyllenbrun och puffad.
k) Ta bort stekpannan från ugnen. Var försiktig eftersom det blir varmt.
l) Lägg en serveringsfat upp och ner över stekpannan och vänd försiktigt upp Tarte Tatin på tallriken. Den karamelliserade frukten ska nu ligga på toppen.
m) Låt Tarte Tatin svalna i några minuter innan servering.
n) Servera skivor av hallon- och äppeltarte-tatin varma, antingen för sig själv eller med en kula vaniljglass eller en klick vispgrädde.

30.Blåbär Och Äpple Tarte Tatin

INGREDIENSER:
- 300 g smördeg
- Vanligt mjöl, för att pudra
- 3 stora äpplen
- 100 g strösocker
- 100 g saltat smör (80 g kylt och tärnad, 20 g smält)
- 100 g frysta blåbär

INSTRUKTIONER:

a) Kavla ut degen till 3 mm tjocklek eller använd färdigkavlad bakelse som redan har rätt tjocklek. Skär en 9-tums cirkel från bakverket med hjälp av en plåt eller bakform som guide och stick sedan degen ett par gånger med en gaffel.

b) Lägg degen på en plåt och sedan i frysen medan du gör resten av tårtan.

c) Värm ugnen till 180C/160C fläkt

d) Skala, kärna ur och kvartera äpplena även om äpplena kan skäras hur du vill med detta recept eftersom luckorna kommer att fyllas med blåbär. Ställ äpplena åt sidan medan du gör karamellen.

e) Lägg sockret i en 8-tums ugnssäker stekpanna och ställ på medelhög värme. Om du inte äger en ugnssäker form, oroa dig inte, du kan göra kolan i en långpanna och sedan överföra den till en 8-tums bakform och följa resten av instruktionerna som vanligt.

f) Koka sockret i 5-7 minuter, rör ofta, tills det har en bärnstensfärgat färg och börjar ryka. Ta av från värmen och vispa sedan i 80g tärnat smör.

g) När smöret har rörts ner i kolan är det dags att montera ihop tarte Tatin. Börja med att fördela äpplena jämnt i kolan med runda sidan nedåt. Fyll i eventuella luckor med blåbären och tryck sedan försiktigt ner all frukt. Pensla frukten med 20g smält smör och sätt sedan in i ugnen.

h) Grädda tarte Tatin i 10 minuter för att mjuka upp äpplena. Ta ut ur ugnen och lägg det frysta bakverket ovanpå. Grädda i ytterligare 30-35 minuter eller tills degen är gyllenbrun.

i) Låt tårtan komma till rumstemperatur i en timme innan du kör en kniv runt kanten.

j) Lägg en tallrik över pannan och vänd sedan försiktigt både tallrik och panna.

k) Lyft av pannan för att avslöja den vackra tårtan du har gjort.

31.för björnbär och whiskyäpplen

INGREDIENSER:
- 1 ¾ koppar universalmjöl
- ¼ kopp socker
- 7 msk kallt smör (skuret i små tärningar/flingor)
- 1 skvätt salt
- 1 skvätt kanel
- Vanligt mjöl för att pudra
- 5-7 uns björnbär
- 3-4 medelstora äpplen
- 2 matskedar whisky
- 2-3 msk citronsaft
- ¾ kopp socker
- ½ tsk kanel
- 5 msk kallt smör (skuret i små tärningar/flingor)

INSTRUKTIONER:
a) Värm ugnen till 200°C.
b) Blanda snabbt mjöl, socker, smörflingor salt och kanel för att få ihop det till en deg.
c) Slå in degen i matfilm och ställ i kylen i 30 minuter.
d) Skala äpplena, ta bort kärnorna och skär var och en i 8-12 klyftor.
e) Lägg klyftorna i en skål och strö över citronsaft.
f) Tillsätt whisky och kanel.
g) Ta en tjockbottnad panna och strö botten med socker jämnt.
h) Sätt på plattan på medelhög värme, vänd på pannan ofta och se till att sockret inte bränns.
i) Låt sockret karamellisera. Det är ungefär när det blir gyllenbrunt.
j) Ta bort från värmen och lägg hälften av björnbären över botten av pannan.
k) Ordna äppelklyftorna ovanpå dem och lägg den andra hälften av björnbären ovanpå äppelklyftorna.
l) Pricka smörflingorna ovanpå.
m) Pudra en ren yta och en kavel med mjöl och kavla ut din mördeg tills den är tillräckligt stor för att täcka din tartepanna.
n) Lägg försiktigt smuldegen över pannan.
o) Grädda i ugnen i cirka 40 minuter eller tills skorpan blir gyllenbrun.

p) Använd ugnshandskar ta en tallrik som är större än tartepannan och lägg den ovanpå pannan.
q) Håll ihop plattan och kastrullen stadigt, vänd snabbt och försiktigt båda så att pannan ligger på toppen och plattan på botten. Ta långsamt bort pannan. Tarten ska stå på serveringsplatsen med frukterna ovanpå.
r) Låt svalna i några minuter.
s) Servera varm med vaniljglass eller vaniljsås.

32.Persika Och Blackberry Tarte Tatin

INGREDIENSER:

- ¾ kopp strösocker
- 80 g smör, i tärningar
- 2 matskedar vatten
- 4-5 persikor, stenar borttagna
- 200 g björnbär
- 400 g flingig smördeg
- Creme fraiche eller glass, att servera

INSTRUKTIONER:

a) Värm ugnen till 200C.
b) Strö över sockret i en tjockpanna, cirka 23 cm. Värm långsamt på låg för att smälta sockret, snurra då och då tills det är gyllenbrunt. Ta av från värmen och tillsätt smöret. Rör sedan igenom vattnet.
c) Skär persikorna i fjärdedelar och lägg köttsidan nedåt på karamellen. Pricka björnbären i valfria hål och strö över persikorna.
d) Rulla degen på en lätt mjölad bänk så att den passar toppen, med 2 cm överhäng. Lägg degen ovanpå och stoppa in överhänget. Sätt in i ugnen i 35 minuter tills degen är gyllene och puffad. Ta ut och låt vila i 10-15 minuter innan du försiktigt vänder upp på ett serveringsfat.
e) Servera med creme fraiche eller glass.

33.Körsbär upp och ner tårta

INGREDIENSER:

GARNERING:
- ¼ kopp Margarin
- ½ kopp socker
- 2 koppar sura körsbär

TÅKPORTION:
- 1 ½ koppar mjöl
- ½ kopp socker
- 2 tsk Bakpulver
- ½ tsk salt
- 1 ägg
- ½ kopp mjölk
- 3 matskedar Matfett, smält

INSTRUKTIONER:
a) Värm ugnen till 400 grader Fahrenheit (200 grader Celsius).
b) Smält ¼ kopp margarin i en 9-tums panna.
c) Tillsätt surkörsbären blandade med ½ kopp socker till det smälta margarinet i pannan, fördela dem jämnt.
d) För att göra kakportionen, blanda mjöl, ½ kopp socker, bakpulver och salt tillsammans i en skål.
e) Tillsätt det vispade ägget, mjölken och det smälta matfettet till de torra ingredienserna, rör om tills det är väl blandat.
f) Häll kaksmeten jämnt över körsbär och socker i pannan.
g) Grädda kakan i den förvärmda ugnen i cirka 30 minuter eller tills en tandpetare som sticks in i mitten kommer ut ren.
h) OMEDELBART efter gräddningen, vänd upp kakan på ett serveringsfat, så körsbärstoppningen nu ligger ovanpå kakan.
i) Servera Cherry Upside-Down-kakan varm och njut av de härliga smakerna av söta körsbär och den möra kakan!

34. Blackberry Upside-Down Cake

INGREDIENSER:
- ¼ kopp farinsocker
- 2 msk smör
- 2 dl björnbär
- ½ kopp margarin eller smör
- 1 ¾ koppar socker
- 2 ägg
- 1 ½ koppar mjöl
- 2 tsk Bakpulver
- ½ tsk salt
- 1 tsk vanilj
- Vispad grädde (till topping)

INSTRUKTIONER:

a) Värm ugnen till 350°F (175°C).

b) I en 8- eller 9-tums rund panna eller järnpanna, värm farinsockret och 2 matskedar smör över medelvärme tills det smält och bubblar.

c) Tillsätt björnbären i pannan och koka under omrörning tills blandningen bubblar igen.

d) Tillsätt ¾ kopp socker till björnbären och krossa dem något. Koka i ytterligare 5 minuter, ta sedan kastrullen från värmen och ställ den åt sidan.

e) I en separat skål, blanda ½ kopp margarin eller smör med den återstående 1 koppen socker tills blandningen blir ljus och krämig.

f) Blanda i äggen.

g) Blanda mjöl, bakpulver och salt i en annan skål. Tillsätt denna torra blandning till den gräddade smör- och sockerblandningen växelvis med mjölk, blanda efter varje tillsats.

h) Rör ner vaniljen.

i) Häll kaksmeten över den kokta frukten i pannan.

j) Grädda kakan i den förvärmda ugnen i 35 till 40 minuter eller tills en tandpetare som sticks in i mitten kommer ut ren.

k) Låt kakan stå i formen tills den är ljummen, kör sedan en kniv runt kanten på formen och vänd försiktigt upp kakan på ett stort fat. Var försiktig så att den inte svalnar för mycket, eftersom den kan bli svår att ta bort från pannan.

l) Toppa Blackberry Upside-Down-kakan med vispad grädde och njut av denna härliga dessert med de rika smakerna av björnbär och smörig kaka!

35.Blåbär upp och ner tårta

INGREDIENSER:
GARNERING:
- 2 dl färska blåbär
- ¾ kopp socker
- 2 matskedar Mjöl
- 2 msk citronsaft

SMET:
- ½ kopp grönsaksfett
- 1 kopp socker
- 3 ägg
- Rivet skal av en apelsin
- 1 ½ dl Grovt hackade pekannötter
- 1 tsk salt
- ¾ kopp mjölk
- 2 koppar mjöl
- 3 tsk Bakpulver

INSTRUKTIONER:
a) Värm ugnen till 350°F (175°C) och smörj en 10 x 10 x 2-tums bakform.
b) Blanda alla ingredienserna till toppingen i en skål, blanda väl. Bred ut blandningen i botten av den smorda bakformen.
c) I en separat skål, kräma noggrant grönsaksfettet och 1 kopp socker.
d) Tillsätt äggen, ett i taget, vispa efter varje tillsats.
e) Sikta samman de 2 kopparna mjöl, bakpulver och salt. Tillsätt växelvis de torra ingredienserna och mjölken till den gräddade matfettsblandningen, börja och avsluta med de torra ingredienserna.
f) Vänd ner de hackade pekannötterna och det rivna apelsinskalet.
g) Häll smeten över toppingen i bakformen.
h) Grädda kakan i den förvärmda ugnen i cirka 45 minuter eller tills en tandpetare som sticks in i mitten kommer ut ren.
i) Medan kakan fortfarande är varm, lossa kanterna och vänd upp den på ett fat.
j) Strö blåbärskakan upp och ner med strösocker om så önskas.
k) Servera kakan varm och njut av den ljuvliga kombinationen av blåbär och apelsiner i denna härliga dessert!

36. Körsbärsananas upp och ner tårta

INGREDIENSER:
- 2 koppar universalmjöl
- 1 ½ tsk Bakpulver
- ½ tsk salt
- 1 förpackning (12-oz) bitar med smak av smörkola från Nestle Toll House, uppdelade
- ¾ kopp smör, mjukat, delat
- 2 burkar (8-oz) skivad ananas, avrunnen, reservera ¾ kopp juice
- 8 maraschino körsbär
- 1 kopp socker
- 2 ägg

INSTRUKTIONER:
a) Värm ugnen till 350 grader Fahrenheit (175 grader Celsius).
b) I en medelstor skål, kombinera allsidigt mjöl, bakpulver och salt. Ställ denna torra blandning åt sidan.
c) I en 10-tums gjutjärnsgryta på låg värme, kombinera 1 kopp Nestle Toll House smörkolasmak och ¼ kopp smör. Rör om tills bitarna har smält och blandningen blir slät. Ta bort stekpannan från värmen.
d) Lägg den skivade ananasen och maraschinokörsbären i stekpannan över den smälta smörkolasblandningen.
e) I en stor skål, kombinera sockret, den återstående ½ koppen av mjukt smör och äggen. Vispa blandningen tills den blir krämig.
f) Vispa gradvis i mjölblandningen växelvis med den reserverade ¾ koppen ananasjuice.
g) Rör ner den återstående 1 koppen av Nestle Toll House-bitar med smörkolasmak.
h) Häll smeten över den ordnade ananasen och körsbären i stekpannan.
i) Grädda kakan i den förvärmda ugnen i 35-40 minuter eller tills en tandpetare som sticks in i mitten kommer ut ren.
j) Vänd omedelbart upp stekpannan på ett serveringsfat, så att ananas- och smörkolastoppningen nu ligger ovanpå kakan.
k) Servera Butterscotch Pineapple Upside-Down Cake varm och njut av den härliga blandningen av smaker i denna smaskiga dessert!

37.Persimmon upp och ner kaka

INGREDIENSER:

- ½ kopp smör
- 2 dl ljust farinsocker
- 1 ägg
- 2 koppar universalmjöl
- Nypa salt
- 2 tsk bakpulver
- 1 kopp persimonmassa
- ½ dl hackade nötter
- 1 kopp vatten

INSTRUKTIONER:

a) Värm ugnen till 350 grader Fahrenheit (175 grader Celsius).
b) I en stor bunke, grädda ihop smöret och en kopp av det ljusa farinsockret tills det är ljust och fluffigt.
c) Vispa i ägget tills det är väl blandat.
d) I en separat skål, sikta ihop allsidigt mjöl, salt och bakpulver.
e) Tillsätt de torra ingredienserna till den krämade blandningen växelvis med persimonmassan. Blanda tills det precis är blandat.
f) Rör ner de hackade nötterna. Smeten blir tjock.
g) Värm den återstående koppen ljust farinsocker i en liten kastrull med vattnet tills det kokar. Koka i en minut.
h) Häll den kokta sockerblandningen i en smord 9x5 tums brödform.
i) Häll försiktigt kaksmeten ovanpå sockerblandningen i brödformen.
j) Grädda kakan i den förvärmda ugnen i cirka 40 minuter eller tills en tandpetare som sticks in i mitten kommer ut ren.
k) När kakan är klar, ta ut den från ugnen och låt den svalna i formen i några minuter.
l) Vänd upp kakan på ett serveringsfat eller ett fat så att det karamelliserade sockret och persimonerna ligger ovanpå.
m) Servera Persimmon Upside Down Cake varm och njut av de rika smakerna av persimmons och karamelliserat socker.

38.Hallon upp och ner tårta

INGREDIENSER:
- ½ Stick margarin eller smör
- ¼ kopp socker
- 1½ dl hallon
- 2 matskedar Skivad mandel
- 1½ koppar Bisquick original bakmix
- ½ kopp socker
- ½ kopp mjölk eller vatten
- 2 matskedar vegetabilisk olja
- ½ tsk vanilj
- ½ tesked mandelextrakt
- 1 ägg
- Sötad vispgrädde eller glass (valfritt)

INSTRUKTIONER:
a) Värm ugnen till 350 grader Fahrenheit (175 grader Celsius). Värm margarinet i en rund panna, 9x1-½ tum, eller en fyrkantig panna, 8x8x2 inches, i ugnen tills den smält. Strö ¼ kopp socker jämnt över det smälta margarinet. Lägg hallonen med sina öppna ändar över sockerblandningen och strö dem sedan över den skivade mandeln.
b) I en medelstor skål, vispa de återstående ingredienserna (förutom den vispade grädden) på låg hastighet i 30 sekunder, skrapa skålen hela tiden. Vispa sedan på medelhastighet i 4 minuter, skrapa skålen då och då. Häll smeten över hallonen i pannan.
c) Grädda kakan i den förvärmda ugnen i 35 till 40 minuter eller tills en tandpetare i mitten kommer ut ren.
d) Vänd omedelbart upp pannan på en värmesäker serveringsplatta; låt formen stå över kakan i några minuter. Ta bort pannan. Låt kakan stå i minst 10 minuter innan servering.
e) Servera Raspberry Upside-Down-kakan varm, och om så önskas, toppa den med sötad vispgrädde eller glass.
f) Obs: Om du vill göra päronkaka upp och ner, kan du följa samma steg men göra de ersättningar som nämns i receptet, med farinsocker, skivade päron och hackade pekannötter och tillsätt mald muskotblomma eller kanel. Njut av din läckra tårta!

CITRUSFRUKTER TATINS

39. Apelsin och kola Tarte Tatin

INGREDIENSER:

- 4 stora apelsiner, skalade och segmenterade
- 75 gram osaltat smör (2½ uns)
- 100 gram strösocker (3½ uns)
- 1 tsk apelsinskal
- Smördegsark

INSTRUKTIONER:

a) Värm ugnen till 200°C/400°F/gasmark 6.
b) Smält smör i en ugnssäker stekpanna. Strö socker jämnt. Tillsätt apelsinsegment och apelsinskal.
c) Täck med ett lager smördeg. Stick in kanterna.
d) Grädda i 20-25 minuter eller tills degen är gyllenbrun.
e) Vänd upp på ett serveringsfat och se till att de karamelliserade apelsinerna ligger på toppen. Servera varm.

40.Rabarber apelsin Tarte Tatin

INGREDIENSER:

- 1 plåt fryst smördeg tinad
- 1 tsk apelsinskal eller skal av ½ apelsin
- ⅔ kopp strösocker + 1 matsked
- 2 matskedar majsstärkelse
- 2 msk smält smör
- 3 dl hackad färsk rabarber

INSTRUKTIONER:

a) För att förbereda, förvärm ugnen till 400F och smörj en 9-tums metallpajplatta generöst med smör.
b) Kombinera rabarber, smör, majsstärkelse och socker (minus 1 matsked) i en skål och blanda till beläggning.
c) I en mindre skål, gnugga apelsinskalet tillsammans med den reserverade 1 msk socker tills det blandas och inte klumpar sig.
d) Tillsätt till rabarberblandningen och blanda tills det blandas.
e) Häll hela blandningen i botten av pajformen och fördela jämnt, arrangera i ett mönster om så önskas. Toppa med smördegen, var noga med att stoppa in bakens kanter under frukten i kanten av formen.
f) Pricka generöst i toppen och skär ett litet kors i mitten av pannan för att ventilera.
g) Grädda i ugnen i 25 till 30 minuter, eller tills bakverket är gyllene, puffat och genomstekt, och frukten under bubblar.
h) Låt svalna i pannan i 10 minuter innan du lossar kanten på bakverket med en kniv, vänd sedan upp det på ett serveringsfat i en snabb rörelse.
i) Ordna eventuell egensinnig frukt och servera genast med glass.

41. Apelsin och kardemumma Tarte Tatin

INGREDIENSER:

- 2 till 3 apelsiner
- ½ kopp strösocker
- 5 matskedar smör, tärnat och kylt
- Frön från 2 tsk kardemummaskidor, lätt krossade eller grovmalda
- ½ (17,3 ounce) paket fryst smördeg, tinat
- Mjöl, för att pudra
- 1 kopp tung vispgrädde, valfritt
- ¼ tesked vaniljpasta eller extrakt, valfritt
- Honung, valfritt, efter smak

INSTRUKTIONER:

a) Värm ugnen till 350 grader.
b) Skär ändarna av varje apelsin och skär sedan varje apelsin i mycket tunna skivor. Ta bort och kassera frön om det behövs. Avsätta.
c) I en 9- eller 10-tums ugnssäker stekpanna, kombinera 2 matskedar vatten och sockret, virvla runt för att fukta allt socker.
d) Placera stekpannan på medelvärme och koka, motstå lusten att röra om, tills sockret smält och precis blir gyllene. Om din stekpanna/spisen värms ojämnt, snurra försiktigt pannan, men undvik att röra om sockerblandningen för mycket, annars bildas kristaller. Om det bildas kristaller, tillsätt en eller två matskedar vatten och fortsätt tillagningen, justera värmen efter behov, tills blandningen är precis gyllenbrun.
e) Ta kastrullen från värmen och rör försiktigt ner smör och kardemumma. Lägg apelsinskivorna över kolan.
f) Vik ut smördegen på en lätt mjölad yta och rulla till 1,5 cm tjock.
g) Docka överallt med pinnarna på en gaffel och skär sedan degen till en cirkel som är något större än din stekpanna. Täck apelsinerna med degen, stoppa in kanterna.
h) Grädda i 30 minuter eller tills degen är gyllenbrun. Kyl i en stekpanna i 10 till 15 minuter och vänd sedan försiktigt upp på ett serveringsfat.
i) Om så önskas, servera toppat med klick honungssötad vispgrädde.

HONINGSÖKAD VISPAD:

j) I en medelstor skål, vispa grädden med en elektrisk mixer tills den är ganska tjock, men inte bildar toppar.

k) Slå i en generös nypa eller två av malen kardemumma, vaniljpasta eller extrakt och cirka 1 matsked honung, vispa till medelhöga toppar.

42.Miso pine lime tarte tatin

INGREDIENSER:

- ⅓ kopp kallt saltat smör, i tärningar
- ¾ kopp fast packat mjukt farinsocker
- 2 msk limejuice, plus 1 msk finrivet skal
- 1 msk vit miso
- 1 kg ananas, skivad i cirklar 5 mm tjocka, skalade och urkärnade
- ½ kopp rostade macadamias, grovt hackade
- 2 fyrkantiga ark färdig fryst smördeg
- ½ kopp kokosyoghurt

INSTRUKTIONER:

a) Smält smör, socker, limejuice och miso i en stor (25 cm) ugnssäker stekpanna på medelhög värme och låt koka upp. Tillsätt ananas i omgångar och låt sjuda, vänd en gång, tills den är mjuk (totalt 2-3 minuter). Lägg skivorna åt sidan på en plåt klädd med bakplåtspapper och låt svalna. Häll sirapen i en kanna och reservera.

b) Värm ugnen till 220°C/200°C med fläkt. Lägg hälften av macadamianötterna i samma ugnsfasta stekpanna, toppa sedan med ananasringarna, överlappande. Häll hälften av den reserverade sirapen ovanpå, täck sedan frukten med båda arken smördeg, stoppa in den på sidorna. Grädda tills de är puffade och gyllene, cirka 25 minuter.

c) Använd ugnsvantar eller några praktiska kökshanddukar för att vända den varma stekpannan på en serveringsfat (detta kan skickligt göras genom att rada upp panna och tallrik, ta tag och vända). Se upp: du leker med varm kola.

d) Toppa med resterande macadamianötter och limeskalet. Servera varm med resterande sirap och kokosyoghurt.

43. Tarte Tatin för blodapelsin och kardemumma

INGREDIENSER:
- 4 blodapelsiner, skalade och segmenterade
- 75 gram osaltat smör (2½ uns)
- 100 gram strösocker (3½ uns)
- 6 kardemummaskidor, krossade
- Smördegsark

INSTRUKTIONER:
a) Värm ugnen till 200°C/400°F/gasmark 6.
b) Smält smör i en ugnssäker stekpanna. Strö socker jämnt. Tillsätt blodapelsinsegment och krossade kardemummakapslar.
c) Täck med ett lager smördeg. Stick in kanterna.
d) Grädda i 20-25 minuter eller tills degen är gyllenbrun.
e) Vänd upp på ett serveringsfat och se till att de karamelliserade blodapelsinerna och kardemumman ligger på toppen. Servera varm.

44. Clementine och Mandel Tarte Tatin

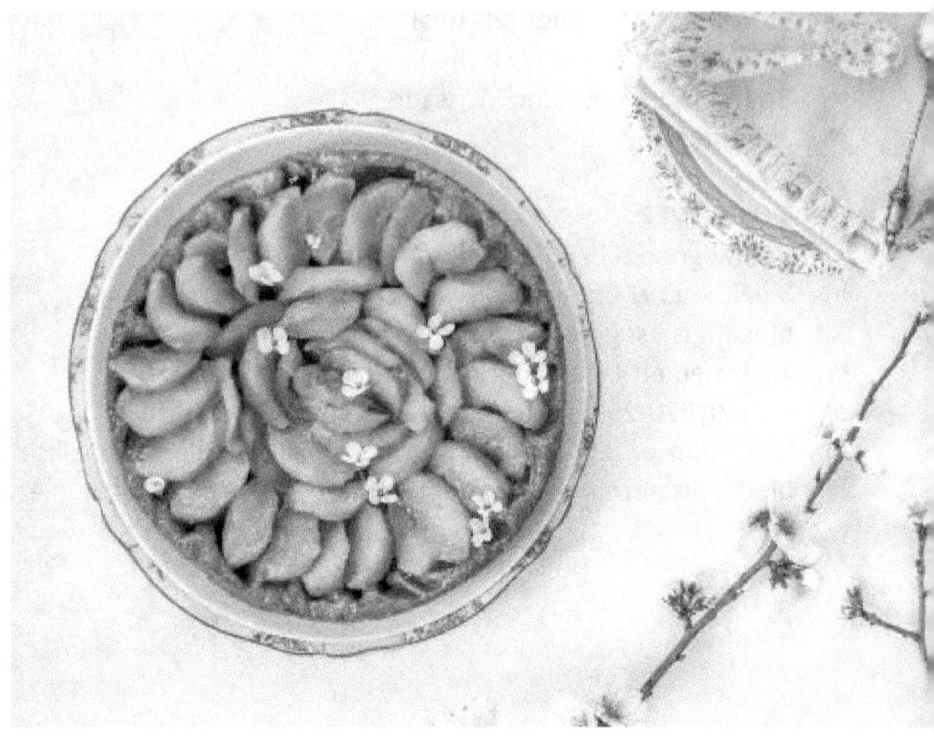

INGREDIENSER:

- 6 klementiner, skalade och segmenterade
- 75 gram osaltat smör (2½ uns)
- 100 gram strösocker (3½ uns)
- ½ kopp skivad mandel
- Smördegsark

INSTRUKTIONER:

a) Värm ugnen till 200°C/400°F/gasmark 6.
b) Smält smör i en ugnssäker stekpanna. Strö socker jämnt. Tillsätt clementinsegment och strö över skivad mandel.
c) Täck med ett lager smördeg. Stick in kanterna.
d) Grädda i 20-25 minuter eller tills degen är gyllenbrun.
e) Vänd upp på ett serveringsfat och se till att de karamelliserade clementinerna och mandeln är på toppen. Servera varm.

45. Upp och ner grapefrukt & dragonkaka

INGREDIENSER:
- 1 grapefrukt, skalad, skalad, urkärnad och skivad i rundor
- ⅓ kopp demerara socker
- ½ kopp osaltat smör, smält, plus extra för att smörja pannan
- 1 kopp ljust farinsocker
- 2 stora ägg
- 1 tsk vaniljextrakt eller vaniljstångspasta
- 1 dl kakmjöl
- ¾ kopp gult majsmjöl
- 2 tsk bakpulver
- 1 tsk kosher salt
- ½ knippe dragon, avskalad och finhackad

INSTRUKTIONER:

a) Värm ugnen till 350°F. Smörj lätt en 8-tums kakform och fodra sedan botten med bakplåtspapper. Strö demerara socker jämnt över bakplåten.

b) Lägg grapefruktskivorna i ett jämnt lager ovanpå, undvik överlappning.

c) Använd en stavmixer försedd med paddeltillbehöret och blanda det smälta smöret och ljust farinsocker tills det är ordentligt blandat och lätt luftigt.

d) Tillsätt ägg, grapefruktskal och vanilj och vispa på medelhastighet tills det är väl blandat. Sikta kakmjölet, gult majsmjöl, bakpulver och koshersalt i blandningen.

e) Mixa på medel-låg hastighet tills de torra ingredienserna är helt införlivade. Vänd ner den finhackade dragonen.

f) Häll kaksmeten över de ihopsatta grapefruktskivorna i pannan.

g) Grädda kakan i 30 till 40 minuter, rotera formen halvvägs genom bakningsprocessen. För att kontrollera om den är klar, stick in en tandpetare i mitten av kakan; den ska komma ut ren när kakan är klar. När den är klar tar du ut kakan från ugnen och överför den till ett galler som svalnar. Låt den vila i minst 15 minuter.

h) Vänd försiktigt upp kakan på ett serveringsställ efter vilotiden. Låt kakan svalna helt innan servering. Alternativt, slå in tätt eller lägg kakan i en lufttät behållare och förvara den i kylen i upp till 4 dagar.

i) Skäm bort dig åt de förtjusande smakerna av denna Upside-Down Grapefrukt & Dragon Cake, en perfekt njutning för alla tillfällen eller efterrättssugen. Njut av balansen mellan syrlig grapefrukt och de subtila örtiga tonerna av dragon, allt vackert presenterat i denna upp och nervända kaka.

46.Kumquat upp och ner tårta

INGREDIENSER:
- 1½ pund kumquats, halverade
- 1 stick (4 oz | 113 g) osaltat smör
- ¾ kopp ljust farinsocker
- 3 matskedar honung
- ½ tsk vanilj
- ½ tsk salt
- 1⅓ koppar universalmjöl
- 1½ tesked bakpulver
- ¾ tesked salt
- 1 kopp (8 oz | 226 g) osaltat smör, mjukat
- 1⅓ koppar socker
- 5 ägg, rumstemperatur
- 1 tsk vanilj

INSTRUKTIONER:
a) Värm ugnen till 325ºF (163ºC).
b) I en stor gjutjärnspanna, smält smöret på medelvärme, var försiktig så att det inte bränns.
c) Tillsätt det ljusa farinsockret och rör tills det är väl blandat.
d) Ta bort från värmen och tillsätt vanilj, honung och salt, rör om för att kombinera.
e) Lägg de halverade kumquatsna i ett enda lager över kolablandningen i pannan. Passa så många kumquats som möjligt, men undvik överbeläggning för att förhindra översvämning under gräddningen.
f) I en stor skål, vispa det mjuka smöret och sockret tills det är fluffigt. Tillsätt äggen ett i taget, vispa i hög hastighet efter varje tillsats. Rör ner vaniljen.
g) I en separat skål, sikta ihop allsidigt mjöl, bakpulver och salt. Tillsätt gradvis de torra ingredienserna till de våta ingredienserna, blanda på låg hastighet tills de är väl blandade.
h) Skeda eller häll försiktigt kaksmeten över kumquatsen i pannan, se till att frukten inte störs. Jämna ut smeten jämnt över kumquatsen.
i) Sätt in kakan i den förvärmda ugnen på mittersta gallret. Grädda i cirka 1 timme, kontrollera att den är klar efter 45 minuter. Använd en

tandpetare för att testa tårtans mitt om den är klar. När den är gräddad kör du en smörkniv längs kanterna på formen för att lossa kakan.

j) Låt kakan svalna i formen i ca 30 minuter. Lägg ett stort fat eller serveringsfat med framsidan ned över gjutjärnspannan och vänd kakan försiktigt upp och ner på fatet, och avslöja den karamelliserade kumquat-toppen.

k) Servera och njut av den läckra Kumquat Upside-Down Cake, en härlig twist på en klassisk dessert som kommer att imponera på dina gäster och göra dem sugna på mer. Njut av!

47. Meyer Lemon Upside-Down Cake

INGREDIENSER:
- ¼ kopp (57 gram) osaltat smör
- ¾ kopp (165 gram) packat ljust farinsocker
- 3 Meyer citroner, skivade ¼-tums tjocka
- 1 ½ koppar (195 gram) universalmjöl
- 1 ½ tsk bakpulver
- ¼ tesked bakpulver
- ½ tsk kosher salt
- ¼ tsk färskmalen muskotnöt
- ½ tesked mald ingefära
- ¼ tesked mald kardemumma
- 1 kopp (200 gram) strösocker
- 2 tsk citronskal
- ½ kopp (114 gram) osaltat smör, rumstemperatur
- 2 tsk vaniljextrakt
- 2 stora ägg, rumstempererade
- ¾ kopp kärnmjölk

INSTRUKTIONER:

a) Värm ugnen till 350 grader Fahrenheit (175 grader Celsius). Placera den 9-tums runda kakformen i ugnen med ¼ kopp smör skuret i bitar. Smält smöret i pannan tills det precis smält. Borsta det smälta smöret på sidorna av pannan med en konditorivaror. Strö det packade ljusa farinsockret jämnt över det smälta smöret.

b) Ordna Meyer-citronskivorna ovanpå farinsockret, överlappa dem efter behov.

c) I en medelstor skål, vispa ihop all-purpose mjöl, bakpulver, bakpulver, kosher salt, färskmalen muskotnöt, mald ingefära och mald kardemumma tills det är väl kombinerat.

d) Lägg strösockret i skålen med en stavmixer. Lägg citronskalet ovanpå sockret och gnid in skalet i sockret med fingrarna. Tillsätt det rumstempererade osaltade smöret och vaniljextraktet till sockret. Vispa blandningen på medelhastighet tills den är ljus och fluffig, cirka 3 till 4 minuter.

e) Tillsätt äggen ett i taget, vispa ordentligt efter varje tillsats.

f) Tillsätt hälften av mjölblandningen i smör- och sockerblandningen. Blanda på låg hastighet tills det är väl blandat. Det kan finnas lite mjöl på sidorna av skålen, vilket är okej.

g) Häll i kärnmjölken och blanda på medelhastighet tills det blandas.

h) Tillsätt resten av mjölblandningen och blanda på låg hastighet tills det precis blandas. Skrapa skålens sidor och botten med en spatel och blanda i ytterligare 10 sekunder för att säkerställa att alla ingredienser är väl kombinerade.

i) Häll försiktigt smeten över de skivade citronerna i kakformen och jämna till toppen med en förskjuten spatel.

j) Grädda kakan i den förvärmda ugnen i cirka 45 minuter eller tills en kakprovare kommer ut ren när den sätts in i mitten av kakan.

k) Låt kakan svalna i formen i 10 minuter. Kör en kniv runt kanterna för att släppa kakan och vänd sedan upp den på ett fat. De vackert karamelliserade Meyer citronskivorna kommer att ligga på toppen av kakan.

l) Njut av denna härliga Meyer Lemon Upside-Down Cake med sina glittrande citrusjuveler på toppen!

48.Orange upp och ner ostkaka

INGREDIENSER:
- 1 kuvert med gelatin utan smak
- 1 ½ dl osötad apelsinjuice
- ¼ kopp socker
- 2 koppar orange sektioner
- 1 kuvert med gelatin utan smak
- ½ kopp osötad apelsinjuice
- 24 uns färskost, mjukad
- 1 kopp socker
- 2 tsk rivet apelsinskal
- 1 dl vispad grädde
- 1 dl vaniljsmulor
- ½ tsk kanel
- 3 matskedar smält margarin

INSTRUKTIONER:

a) Mjuka upp det första höljet med gelatin i 1 ½ koppar osötad apelsinjuice. Tillsätt ¼ kopp socker och rör om på låg värme tills det löst sig. Kyl blandningen tills den har tjocknat något men inte stelnat.

b) Ordna de orange sektionerna på botten av en 9-tums springform. Häll gelatinblandningen över apelsinerna och kyl tills den tjocknar igen men inte stelnat.

c) Mjuka upp det andra höljet med gelatin i ½ kopp osötad apelsinjuice. Rör om på låg värme tills det löst sig.

d) Kombinera färskosten, 1 kopp socker och rivet apelsinskal i en separat blandningsskål. Mixa på medelhastighet med en elektrisk mixer tills det är väl blandat.

e) Tillsätt gradvis den upplösta gelatinblandningen till färskostblandningen, blanda tills den är väl blandad. Kyl blandningen tills den tjocknat något.

f) Vänd ner den vispade grädden i färskostblandningen.

g) Häll färskostblandningen över apelsinerna i springformen. Kyla cheesecaken.

h) Kombinera vaniljrånsmulorna, kanel och smält margarin. Tryck försiktigt ut denna blandning på toppen av cheesecaken.

i) Kyl ostkakan tills den stelnat.

j) Lossa cheesecaken från kanten på formen och vänd upp den på ett serveringsfat. Ta bort kanten på pannan innan servering.

k) Njut av din läckra Orange Upside-Down Cheesecake! Det är en perfekt efterrätt som kombinerar de krämiga och citrusiga smakerna för en härlig behandling.

49.Upp och ner citronpuddingkaka

INGREDIENSER:

- ¼ kopp skivad mandel
- 4 ägg; Separera äggulorna
- 1 kopp socker; Dividerat
- 3 matskedar smör; Mjukat
- 3 matskedar Mjöl
- ⅛ tesked salt
- ⅓ kopp färskpressad citronsaft
- 1 kopp lågfettsmjölk
- Rivet skal av ½ citron

INSTRUKTIONER:

a) Värm ugnen till 325 grader Fahrenheit (160 grader Celsius). Belägg insidan av en 1½-quart glasgryta med matlagningsspray med smörsmak. Strö den skivade mandeln över botten av grytan.

b) I en medelstor skål med en elektrisk mixer, vispa äggvitorna på hög hastighet tills mjuka toppar bildas. Tillsätt gradvis ¼ kopp sockret, vispa tills det bildas styva toppar; avsätta.

c) Använd samma vispar och vispa ihop smöret och den återstående ¾ koppen socker i en stor skål. Vispa äggulorna väl i en liten skål och tillsätt dem i smörblandningen, vispa ordentligt.

d) Tillsätt mjöl, salt och citronsaft till smörblandningen och vispa väl. Rör ner mjölken och rivet citronskal tills det är blandat.

e) Rör ner ⅓ av den vispade äggviteblandningen i smeten och vänd sedan försiktigt ner resterande äggvita.

f) Häll smeten i den förberedda grytformen över mandeln.

g) Placera grytan i en ytlig bakpanna fylld med 1 tum varmt vatten.

h) Grädda kakan utan lock i den förvärmda ugnen i 50 till 55 minuter, eller tills toppen är gyllenbrun och fjädrar tillbaka när den lätt vidrörs med ett finger.

i) Ta försiktigt bort grytformen från vattnet och låt den sitta i 20 till 30 minuter.

j) Servera upp och ner citronpuddingkakan kyld. Garnera varje portion med citronskivor och färska myntablad om så önskas. Njut av!

50. Fruit Cocktail Upside-Down Cake

INGREDIENSER:
- ½ kopp margarin
- 1 kopp farinsocker
- 28 uns fruktcocktail, avrunnen
- 1 paket citronkakamix
- Vispad grädde till servering

INSTRUKTIONER:
a) Värm ugnen till 350°F (175°C).
b) Smält margarinet i ugnen i en 13 x 9-tums bakpanna.
c) Strö farinsockret jämnt över det smälta margarinet.
d) Fördela den avrunna fruktcocktailen över farinsockerskiktet.
e) Förbered citronkakamixen enligt anvisningarna på förpackningen.
f) Bred försiktigt ut kaksmeten över fruktcocktaillagret i pannan.
g) Grädda kakan i den förvärmda ugnen i cirka 45 till 50 minuter, eller tills en tandpetare som sticks in i mitten av kakan kommer ut ren.
h) Låt kakan stå i formen i 5 minuter så att toppingen stelnar något.
i) Vänd upp kakan på ett stort fat eller en plåt, så att frukttoppningen är på toppen.
j) Servera kakan varm eller rumstemperatur, toppad med vispad grädde.

51. Upp och ner vintercitruskaka

INGREDIENSER:
- 2 blodapelsiner
- 2 navelapelsiner
- 1 tangelo, liten grapefrukt eller annan valfri citrus
- ½ kopp strösocker
- ¼ kopp vatten
- ½ kopp smör, rumstemperatur
- ⅓ kopp vitt socker
- ⅓ kopp farinsocker
- 2 stora ägg, rumstempererade
- 3 msk färskpressad apelsinjuice
- 1 msk apelsinskal
- 1 msk vaniljextrakt
- 1 ½ koppar plus 1 matsked universalmjöl
- 1 tsk bakpulver
- ¼ tesked bakpulver
- ½ tsk salt
- ⅔ kopp vanlig yoghurt utan eller med låg fetthalt

INSTRUKTIONER:
a) Värm ugnen till 350°F (175°C). Klä en 9-tums kakform med bakplåtspapper så att den täcker botten och går upp på sidorna av formen.
b) Vik bakplåtspappret så att det kramar om pannans sidor som en upp och nervänd hatt. Spraya med non-stick spray.
c) Skiva blodapelsiner, navelapelsiner och tangelo (eller annan citrus) i ½ tum tjocka skivor, lämna skalet kvar. Ta försiktigt bort skalet från citrusskivorna med hjälp av en skalkniv och skär av den yttre ringen. Denna metod hjälper till att hålla citrusskivorna intakta och förhindrar att de går sönder när de skivas.
d) Mikrovågsugn strösocker och vatten tillsammans tills sockret löst sig helt, cirka 45 sekunder.
e) Häll hälften av sockervattnet i botten av den förberedda kakformen och arrangera sedan de förberedda citrusfrukterna i botten.

f) När det är arrangerat, häll det återstående sockervattnet över citrusen. Avsätta.

g) I en stor skål, vispa ihop smör, vitt socker och farinsocker tills det är ljust och fluffigt. Tillsätt ägg, apelsinjuice, apelsinskal och vaniljextrakt.

h) I en separat skål, kombinera allsidigt mjöl, bakpulver, bakpulver och salt. Vispa för att kombinera. Växla långsamt ner mjölblandningen och yoghurten i de blöta ingredienserna tills allt är blandat. Blandningen blir tjock.

i) Häll smeten över de förberedda citrusskivorna i kakformen, fördela den jämnt ut till kanterna.

j) Grädda i 35 minuter, låt sedan kakan svalna helt innan du vänder upp den på en serveringsbricka.

k) Njut av denna läckra upp och ner vintercitruskaka med en härlig kombination av citrussmaker!

52. Whisky-Yuzu Savarin upp och ner kaka

INGREDIENSER:
FÖR SAVARIN-KAKA:
- 2 koppar universalmjöl
- ¼ kopp strösocker
- 2 ¼ teskedar aktiv torrjäst
- ½ tsk salt
- ½ dl helmjölk, ljummen
- 3 stora ägg, i rumstemperatur
- ¼ kopp osaltat smör, mjukat
- ¼ kopp whisky
- Skal av 1 citron
- ¼ kopp yuzu juice

FÖR DEN BRÄNDA CITRONEN upp och ned:
- 2-3 citroner, tunt skivade
- ½ kopp strösocker

FÖR WHISKYSIRAPEN:
- ½ kopp vatten
- ½ kopp strösocker
- ¼ kopp whisky

INSTRUKTIONER:
FÖR DEN BRÄNDA CITRONEN upp och ned:
a) Värm ugnen till 350°F (175°C).
b) I en 9-tums rund kakform, sprid strösockret jämnt för att täcka botten.
c) Ordna citronskivorna ovanpå sockret, lite överlappande dem.
d) Sätt in formen i den förvärmda ugnen och grädda i ca 15-20 minuter eller tills sockret karamelliserat och citronskivorna är svedda. Ta ut ur ugnen och ställ åt sidan.

FÖR WHISKYSIRAPEN:
e) Blanda vattnet och strösockret i en kastrull. Koka upp, rör om tills sockret löst sig.
f) Ta av från värmen och rör ner whiskyn. Ställ sirapen åt sidan för att svalna.

FÖR SAVARIN-KAKA:
g) I en stor bunke, vispa ihop mjöl, strösocker, jäst och salt.

h) Vispa ihop den ljumma mjölken och äggen i en separat skål.

i) Häll gradvis mjölkblandningen i de torra ingredienserna, rör om tills det är väl blandat.

j) Tillsätt det mjukade smöret, whiskyn, citronskal och yuzujuice. Rör om tills smeten är slät och väl blandad.

k) Täck bunken med plastfolie och låt degen jäsa på en varm plats i ca 1 timme eller tills den har dubbelt så stor storlek.

l) Montering och bakning:

m) Värm ugnen till 350°F (175°C).

n) Häll försiktigt whiskysirapen över den brända citronen upp och ner i kakformen.

o) Häll försiktigt den jästa savarinkakssmeten över citrontoppen.

p) Grädda i den förvärmda ugnen i 25-30 minuter eller tills kakan är gyllenbrun och en tandpetare som sticks in i mitten kommer ut ren.

FINPUTSNING:

q) Ta ut kakan från ugnen och låt den svalna i formen i ca 10 minuter.

r) Vänd upp kakan på ett serveringsfat, så den brända citrontoppen ligger nu på toppen.

s) Servera Whisky-Yuzu Savarin med bränd citron upp-och-ned-kaka varm eller i rumstemperatur, och njut av den härliga kombinationen av smaker!

STENFRUKKTATINER

53.Peach och Pecan Tatin

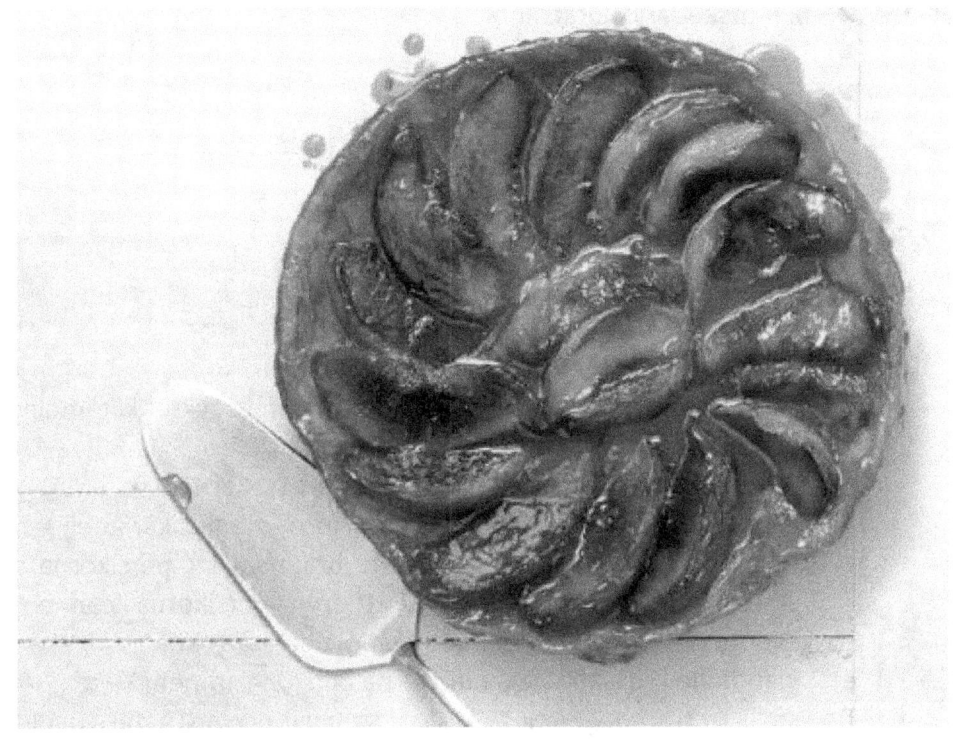

INGREDIENSER:
- 450 gram smördeg
- 2 matskedar osaltat smör
- 125 gram strösocker
- Cirka 6-7 persikor, halverade
- 125 gram pekannötter
- 100 milliliter lönnsirap
- 1 äggtvätt (gula, inte den vita)
- Florsocker och myntablad till dekoration
- Mjöl för att pudra

INSTRUKTIONER:
a) Värm ugnen till 220°C (400°F) eller Gas Mark 6.
b) Smält smöret och sockret i en tjockpanna, låt sockret karamellisera tills det får en gyllenbrun färg.
c) Halvera persikorna försiktigt och ta bort stenarna.
d) Tillsätt försiktigt de halverade persikorna till det karamelliserade sockret, var försiktig så att de inte bränns. Lägg persikorna med den skurna sidan uppåt. Fortsätt att ordna persikorna i pannan, fyll eventuella luckor, tills de når nivån på pannans höjd.
e) Blanda de krossade pekannötterna och lönnsirapen.
f) Kavla ut smördegen till två skivor som var och en mäter 10-11 tum i diameter.
g) Häll blandningen av krossade nötter och lönnsirap på en av bakverksskivorna, lämna ungefär en tums utrymme runt kanterna.
h) Fukta kanten på degen med äggsköljningen och lägg sedan den andra bakelseskivan ovanpå, förslut nötblandningen inuti.
i) Lägg försiktigt degen över persikorna, stoppa försiktigt in eventuellt överhäng.
j) Sätt formen i den förvärmda ugnen och grädda i cirka 40 minuter, eller tills degen är gyllenbrun och knaprig.
k) När den är klar, ta ut formen från ugnen och låt den svalna i några minuter.
l) Vänd upp persikotatinen på ett serveringsfat (var försiktig, eftersom karamellen kan vara het och kladdig).
m) Dekorera med florsocker och myntablad om så önskas.
n) Njut av din ljuvliga Peach Tatin!

54.Aprikos Tarte Tatin

INGREDIENSER:

- 2 ark frysta färdigkavlade smördeg, delvis upptinade
- 1 kopp strösocker
- 1 tsk vaniljstångspasta
- 825g burk aprikoshalvor, avrunna
- 50 g smör, fint hackat
- Ren grädde, att servera

INSTRUKTIONER:

a) Värm ugnen till 200°C/180°C varmluft. Lägg bakelseblad ovanpå varandra. Tryck försiktigt för att säkra. Klipp av hörnen för att bilda en runda.

b) Häll socker, vanilj och ⅓ kopp kallt vatten i en tjockbaserad, ugnssäker, 20 cm (botten) stekpanna på låg värme. Koka under omrörning i 5 minuter eller tills sockret har lösts upp (koka inte). Öka värmen till medium. Koka upp.

c) Koka, utan att röra, i 7 till 8 minuter eller tills blandningen blir gyllene.

d) Avlägsna från värme. Ordna aprikoser, med skurna sidan nedåt, i pannan. Strö med smör.

e) Lägg degen över aprikoserna, stoppa in i kanten. Grädda i 25 till 30 minuter eller tills degen är gyllene och puffad. Stå i pannan i 10 minuter. Vänd ut tårtan på ett fat.

f) Ringla över grädde. Skär i klyftor. Tjäna.

55.Varm plommon Tarte Tatin

INGREDIENSER:

- 3 matskedar osaltat smör
- ¾ kopp socker
- 8 italienska plommon (2 ⅓ pund) eller 8 vanliga plommon (2 ½ pund), urkärnade och halverade
- Allroundmjöl, för arbetsyta
- ½ recept Pate Sucrée för Plum Tarte Tatin

INSTRUKTIONER:

a) Smält smöret i en 10-tums ugnssäker stekpanna på medelhög värme. Ta bort från värmen och strö socker jämnt över botten av stekpannan.

b) Börja vid ytterkanten och arrangera plommonhalvorna i överlappande koncentriska cirklar, med skurna sidor något vinkelräta mot botten av stekpannan.

c) Återställ stekpannan till medel-låg värme; koka tills juicen bubblar och sockret börjar karamelliseras, 15 till 20 minuter. Håll frukten på plats med en bred spatel, luta stekpannan och häll av sirapen i en skål; ställ sirap åt sidan. Om det behövs, skjut tillbaka lossnade plommon på plats. Låt svalna något, ca 10 minuter.

d) Värm ugnen till 400 grader. På en lätt mjölad arbetsyta, kavla ut ett ark paté Sucrée till en 10-tums fyrkant. Använd en inverterad 10-tums kakform som guide och skär ut en cirkel. Lägg degen över plommonen och sticka över degen med en gaffel.

e) Grädda i ugnen tills skorpan är gyllenbrun och juicen bubblar i 30 till 35 minuter. Om toppen börjar bryna för mycket innan frukten är genomstekt, täck den med en bit aluminiumfolie.

f) Ta bort stekpannan från ugnen. Låt svalna i 1 timme. När den är klar, lägg en serveringsfat med ovansidan nedåt på tårtan och vänd snabbt upp tårtan på tallriken. Om så önskas, reducera reserverad sirap i en liten kastrull på medelvärme tills den tjocknat, cirka 5 minuter.

g) Servera tårtan med varm sås.

56. Tarte Tatin av plommon och mandel

INGREDIENSER:

- 4 mogna plommon, urkärnade och skivade
- 75 gram osaltat smör (2½ uns)
- 100 gram strösocker (3½ uns)
- ½ kopp skivad mandel
- Smördegsark

INSTRUKTIONER:

a) Värm ugnen till 200°C/400°F/gasmark 6.
b) Smält smör i en ugnssäker stekpanna. Strö socker jämnt. Ordna plommonskivor och strö över skivad mandel.
c) Täck med ett lager smördeg. Stick in kanterna.
d) Grädda i 20-25 minuter eller tills degen är gyllenbrun.
e) Vänd upp på ett serveringsfat och se till att de karamelliserade plommonen och mandeln är på toppen. Servera varm.

57.Tarte Tatin av körsbär och balsamico

INGREDIENSER:

- 2 dl färska körsbär, urkärnade
- 75 gram osaltat smör (2½ uns)
- 100 gram strösocker (3½ uns)
- 2 msk balsamvinäger
- Smördegsark

INSTRUKTIONER:

a) Värm ugnen till 200°C/400°F/gasmark 6.
b) Smält smör i en ugnssäker stekpanna. Strö socker jämnt. Tillsätt balsamvinäger. Ordna körsbär.
c) Täck med ett lager smördeg. Stick in kanterna.
d) Grädda i 20-25 minuter eller tills degen är gyllenbrun.
e) Vänd upp på ett serveringsfat och se till att de karamelliserade körsbären och balsamicoglasyren ligger på toppen. Servera varm.

58.Aprikos och lavendel Tarte Tatin

INGREDIENSER:

- 6 mogna aprikoser, halverade och urkärnade
- 75 gram osaltat smör (2½ uns)
- 100 gram strösocker (3½ uns)
- 1 tsk torkad kulinarisk lavendel
- Smördegsark

INSTRUKTIONER:

a) Värm ugnen till 200°C/400°F/gasmark 6.
b) Smält smör i en ugnssäker stekpanna. Strö socker jämnt. Tillsätt torkad lavendel. Ordna aprikoshalvor.
c) Täck med ett lager smördeg. Stick in kanterna.
d) Grädda i 20-25 minuter eller tills degen är gyllenbrun.
e) Vänd upp på ett serveringsfat och se till att de karamelliserade aprikoserna och lavendeln ligger på toppen. Servera varm.

59.Nektarin och timjan Tarte Tatin

INGREDIENSER:

- 4 mogna nektariner, skalade, urkärnade och skivade
- 75 gram osaltat smör (2½ uns)
- 100 gram strösocker (3½ uns)
- Färska timjanblad
- Smördegsark

INSTRUKTIONER:

a) Värm ugnen till 200°C/400°F/gasmark 6.
b) Smält smör i en ugnssäker stekpanna. Strö socker jämnt. Tillsätt färska timjanblad. Ordna nektarinskivor.
c) Täck med ett lager smördeg. Stick in kanterna.
d) Grädda i 20-25 minuter eller tills degen är gyllenbrun.
e) Vänd upp på ett serveringsfat och se till att de karamelliserade nektarinerna och timjan ligger på toppen. Servera varm.

60.Tarte Tatin med körsbär och choklad

INGREDIENSER:

- 2 dl färska körsbär, urkärnade
- 75 gram osaltat smör (2½ uns)
- 100 gram strösocker (3½ uns)
- 2 msk chokladchips
- Smördegsark

INSTRUKTIONER:

a) Värm ugnen till 200°C/400°F/gasmark 6.
b) Smält smör i en ugnssäker stekpanna. Strö socker jämnt. Tillsätt chokladbitar. Ordna körsbär.
c) Täck med ett lager smördeg. Stick in kanterna.
d) Grädda i 20-25 minuter eller tills degen är gyllenbrun.
e) Vänd upp på ett serveringsfat och se till att de karamelliserade körsbären och chokladen ligger på toppen. Servera varm.

61.Plommon och stjärnanis Tarte Tatin

INGREDIENSER:

- 4 mogna plommon, urkärnade och skivade
- 75 gram osaltat smör (2½ uns)
- 100 gram strösocker (3½ uns)
- 3 hela stjärnanis
- Smördegsark

INSTRUKTIONER:

a) Värm ugnen till 200°C/400°F/gasmark 6.
b) Smält smör i en ugnssäker stekpanna. Strö socker jämnt. Tillsätt hel stjärnanis. Ordna plommonskivor.
c) Täck med ett lager smördeg. Stick in kanterna.
d) Grädda i 20-25 minuter eller tills degen är gyllenbrun.
e) Vänd upp på ett serveringsfat och se till att de karamelliserade plommonen och stjärnanisen ligger på toppen. Servera varm.

62.Vit persika tarte tatin med timjan

INGREDIENSER:

- 225 g smördeg
- mjöl, för att pudra
- 60 g strösocker
- 40 g smör, tärnat
- 6 vita persikor, avstenade och i fjärdedelar
- timjankvistar, till garnering
- florsocker, för att pudra
- glass, att servera

INSTRUKTIONER:

a) Kavla ut smördegen på en lätt mjölad yta till tjockleken av ett pund. Skär ut fyra skivor, 15 cm i diameter, och lägg dem på en bricka för att vila i kylen i 20 minuter.
b) Värm ugnen till 200C/180C fläkt/gasmark 6.
c) Strö en fjärdedel av sockret i varje ugnsfast långpanna med en diameter på 12 cm och fördela en fjärdedel av smöret i varje.
d) Sätt på låg värme, snurra försiktigt pannan medan sockret löser sig och smöret smälter tills blandningen förvandlas till en ljus karamell. Ta sedan kastrullen från värmen och stoppa tillagningsprocessen genom att placera botten av kastrullen i en skål med kallt vatten.
e) Lägg snabbt en fjärdedel av persikoskivorna i varje panna i en solfjäderform eller cirkel och täck sedan med en cirkel smördeg, stoppa in kanterna. Gör några små hål i smördegen med spetsen på en kniv.
f) Ställ in formarna i ugnen i 12-15 minuter – tiden kan bero på tjockleken på din smördeg, men bakverket ska vara tillagat och persikorna möra, med en härlig gyllene karamell.
g) Vänd ut tårtorna på tallrikar och garnera med en timjankvist och en strö av florsocker.
h) Servera med glass.

63. Plommon och tranbär tarte Tatin

INGREDIENSER:

- 15 g smör, mjukat, för smörjning
- 85g ljust mjukt farinsocker plus 50g
- 400g fasta plommon, halverade och stenade
- 100 g frysta tranbär
- mjöl, för att pudra
- 500g blocksmördeg
- 300 ml vispgrädde
- ½-1 apelsin, skalad, att servera

INSTRUKTIONER:

a) Smörj botten på en 21-23 cm fast baserad tårtform eller ugnssäker långpanna och strö sedan över 85 g socker i ett jämnt lager. Ordna plommonen med snittsidan nedåt och strö dem sedan över tranbären.

b) Kavla ut degen på en mjöl-dammad yta så att den är lite större än plåten eller stekpannan som en guide för att skära ut en cirkel (du har cirka 150 g över).

c) Lägg degen över plommonen, pressa ner kanterna runt frukten, använd sedan en gaffel för att sticka degen några gånger så att ånga kan strömma ut. Kyl i minst 1 timme, eller upp till 24 timmar.

d) Värm ugnen till gas 7, 220°C, fläkt 200°C. Grädda i 25-30 minuter tills degen är gyllene och knaprig.

e) Under tiden lägger du grädden, 50 g farinsocker och en nypa salt i en stor mixerskål. Vispa till mjuka toppar med elvisp.

f) Använd en kökshandduk för att skydda händerna och lägg försiktigt en serveringsfat över tårtformen eller pannan. Vänd upp så att tårtan faller på tallriken och dekorera sedan med apelsinskalet.

g) Servera med brunsockervispad grädde.

64. Aprikos upp och ner kaka

INGREDIENSER:
- 3 matskedar smör
- ½ kopp farinsocker
- 24 konserverade aprikoshalvor
- 2 ägg
- ¼ tesked salt
- 1 kopp socker
- 1 tsk vaniljextrakt
- ¼ kopp Pet Milk (avdunstad mjölk), utspädd med ¼ kopp vatten
- 1 matsked förkortning
- 1 dl kakmjöl, siktat
- 1 tsk Bakpulver

TOPPING PÅ PET MJÖLK:
- ¼ tesked granulerat gelatin
- 1 tsk kallt vatten
- ½ kopp husdjursmjölk (avdunstad mjölk), skållad
- 1 msk pulveriserat socker
- 1 tsk vaniljextrakt

INSTRUKTIONER:

a) Värm ugnen till 350°F (175°C).
b) Smält 3 matskedar smör i en 9-tums gjutjärnspanna.
c) Ta kastrullen från värmen och strö farinsockret över det smälta smöret.
d) Ordna 24 konserverade aprikoshalvor ovanpå sockret i stekpannan. Låt dem stå medan du förbereder smeten.
e) Vispa 2 ägg i en bunke tills de är väldigt ljusa.
f) Tillsätt ¼ tesked salt, 1 kopp socker och 1 tsk vaniljextrakt medan du vispar äggen.
g) I en dubbelpanna, värm ¼ kopp husdjursmjölk (avdunstad mjölk) utspädd med ¼ kopp vatten och 1 matsked matfett till kokpunkten.
h) Vispa ner mjölkblandningen i äggblandningen.
i) Sikta ihop 1 dl kakmjöl och 1 tsk bakpulver.
j) Tillsätt de torra ingredienserna till mjölkblandningen, vispa snabbt men noggrant.
k) Häll smeten över de ordnade aprikoserna i stekpannan.

l) Grädda kakan i den förvärmda ugnen i 25 till 30 minuter eller tills kakan krymper från sidorna av formen.

m) Medan kakan fortfarande är varm, vänd ut den ur stekpannan på ett serveringsfat och avslöjar aprikostoppen.

TOPPING PÅ PET MJÖLK:

n) Blötlägg ¼ tesked granulerat gelatin i en liten skål i 1 tesked kallt vatten i 5 minuter.

o) Skålla ½ kopp husdjursmjölk (avdunstad mjölk) i toppen av en dubbelpanna.

p) Tillsätt det blötlagda gelatinet till den skållade mjölken och rör tills det löst sig. Häll blandningen i en skål och kyl tills den blir iskall.

q) Använd en roterande visp och vispa den kylda mjölken tills den blir stel.

r) Vänd i 1 matsked strösocker och 1 tsk vaniljextrakt.

s) Servera aprikos upp och ner kakan varm med toppingen av vispad husdjursmjölk. Njut av denna läckra goding för 6 portioner!

65.Körsbär-nektarin upp och ner tårta

INGREDIENSER:
GARNERING:
- 1 msk Stick Margarin eller Smör, smält
- ¼ kopp farinsocker, förpackat
- 1 kopp urkärnade söta körsbär
- 2 dl nektariner, tunt skivade
- 1 tsk citronsaft

KAKA:
- 1 kopp allsidigt mjöl (plus 2 matskedar)
- 2 msk skivad mandel, rostad och mald
- 1 tsk Bakpulver
- ½ tesked bakpulver
- ⅛ tesked salt
- ⅔ kopp granulerat socker
- ¼ kopp Stick Margarin eller mjukat smör
- 1 tsk vaniljextrakt
- ½ tesked mandelextrakt
- 1 stort ägg
- ⅔ kopp fettsnål kärnmjölk

INSTRUKTIONER:
a) Värm ugnen till 350 grader Fahrenheit (175 grader Celsius). Belägg botten av en 9-tums rund kakform med smält margarin. Strö brunt socker jämnt över det smälta margarinet.

b) Placera 1 körsbär i mitten av pannan och arrangera de återstående körsbären runt kanten på pannan.

c) Kombinera nektarinerna och citronsaften i en skål, blanda väl. Ordna nektarinskivorna, arbeta från mitten av körsbäret till kanten av körsbären.

d) Blanda 1 kopp universalmjöl, mald rostad mandel, bakpulver, bakpulver och salt i en separat skål.

e) I en annan skål, vispa ⅔ kopp strösocker och ¼ kopp uppmjukt margarin vid medelhög hastighet i en mixer tills det är väl blandat.

f) Tillsätt vaniljextraktet, mandelextraktet och ägget till den krämade blandningen, vispa väl.

g) Tillsätt mjölblandningen till den gräddade blandningen växelvis med kärnmjölken, börja och avsluta med mjölblandningen. Vispa väl efter varje tillsats.

h) Häll långsamt kaksmeten över frukten i kakformen.

i) Grädda kakan i den förvärmda ugnen i cirka 45 minuter eller tills en träplock som är insatt i mitten kommer ut ren.

j) Kyl kakan i formen i 5 minuter på galler.

k) Lossa kakan från sidorna av formen med en smal metallspatel och vänd sedan upp kakan på ett tårtfat.

l) Skär körsbärs-nektarin-kakan upp och ner i klyftor och servera den varm för en härlig njutning som kombinerar sötman från körsbär och nektariner med den mandelinfunderade kakan!

66.Upp och ner kaka med persika och pekannöt

INGREDIENSER:
GARNERING:
- 3 matskedar osaltat smör
- ½ kopp packat ljust farinsocker
- 14 konserverade persikohalvor
- ½ kopp hela pekannötter, lätt rostade

KAKA:
- 2 koppar universalmjöl
- 1 tsk bakpulver
- 1 tsk bakpulver
- 1 tsk salt
- ½ tsk kanel
- ½ tesked muskotnöt
- ½ kopp osaltat smör (1 pinne)
- ¾ kopp socker
- 1 tsk vanilj
- 2 stora ägg
- 1 kopp kärnmjölk

INSTRUKTIONER:

a) Smält smöret i en välkryddad 10-tums gjutjärnspanna på måttligt låg värme. Strö farinsockret jämnt över botten av stekpannan och rör om.

b) Ta bort stekpannan från värmen och arrangera persikohalvor, med de skurna sidorna uppåt, i ett dekorativt mönster över socker och smör. Strö de hela pekannötterna jämnt runt persikorna.

c) Värm ugnen till 375 grader F (190 grader C).

d) I en stor skål, vispa ihop mjöl, bakpulver, bakpulver, salt, kanel och muskotnöt.

e) I en annan skål, använd en elektrisk mixer, blanda ihop smör och socker tills det är ljust och fluffigt. Slå i vaniljen. Tillsätt äggen, ett i taget, tills de är väl införlivade.

f) Med mixern på låg hastighet, vispa i kärnmjölken tills den precis blandas. Blanda i de torra ingredienserna i två omgångar tills det precis blandas.

g) Häll smeten jämnt över persikorna i stekpannan.

h) Grädda i den förvärmda ugnen i 35 till 40 minuter, eller tills kakan är gyllenbrun och en testare kommer ut med smulor som fastnar.

i) Kyl kakan i stekpannan på galler i 10 minuter. Kör en tunn kniv runt kanten på stekpannan och vänd försiktigt upp kakan på ett fat.

j) Njut av din utsökta persika och pecannöt upp och ner! Det är en perfekt efterrätt för att visa upp smakerna av färska persikor och rostade pekannötter i en fuktig och smakrik kaka.

67. Persika-pepparkaka upp och ner tårta

INGREDIENSER:

- 4 persikor (skalade, urkärnade och skivade ¼ tum tjocka)
- 1 ½ dl universalmjöl
- 1 ½ tsk bakpulver
- ⅓ kopp melass
- ¾ kopp kokande vatten
- 2 ägg
- ¾ kopp strösocker
- ⅓ kopp osaltat smör (smält)
- 8 persikor (även skalade, urkärnade och skivade ¼ tum tjocka)
- ¼ kopp osaltat smör (smält)
- 6 matskedar mörkt farinsocker (förpackat)
- ½ kopp persika- eller aprikoskonserver

INSTRUKTIONER:

a) Värm ugnen till 350 grader Fahrenheit (175 grader Celsius).
b) Smöra generöst en 12-tums springform. Lägg 4 av de skivade persikorna i ett cirkulärt mönster i pannan och ställ åt sidan.
c) Sikta samman mjöl och bakpulver och ställ åt sidan.
d) I en separat skål, kombinera melass och kokande vatten och ställ åt sidan.
e) Vispa ägg och strösocker i en bunke i 5 till 10 minuter tills det blir ljust och fluffigt.
f) Tillsätt gradvis det smälta smöret medan du fortsätter att vispa blandningen.
g) Tillsätt växelvis mjölblandningen och melassblandningen till äggblandningen, blanda bara tills den är slät.
h) Häll smeten över persikorna i springformen.
i) Sätt formen på mitten av gallret i den förvärmda ugnen och grädda i 45 minuter eller tills en tandpetare som sticks in i mitten av kakan kommer ut ren. Ta ut kakan från ugnen och låt den svalna.
j) I en stekpanna, sautera de återstående persikoskivorna i ¼ kopp smält smör och 6 matskedar packat farinsocker tills de är mjuka men inte mosiga, cirka 6 till 8 minuter. Ta bort dem från stekpannan och låt dem svalna.

k) Vänd upp kakan på ett serveringsfat så att persikorna hamnar på toppen. Ordna de avsvalnade persikoskivorna runt toppen av kakan.
l) I toppen av en dubbelkokare, smält persika eller aprikoskonserver och pensla den generöst över de skivade persikorna.
m) Njut av din gammaldags persika-pepparkaka upp och ner! Den är perfekt för en härlig efterrätt med de härliga smakerna av persikor och pepparkakor.

68. Persika-tranbär upp och ner tårta

INGREDIENSER:
- ¾ kopp fast packat farinsocker
- 1 matsked vegetabilisk olja
- 2 tsk vatten
- 1 dl skivade persikor, frysta och tinade
- 1 kopp tranbär
- ½ kopp socker
- ¼ kopp lättmjölk
- ¼ kopp vanlig yoghurt
- 3 matskedar vegetabilisk olja
- 1 tsk vaniljextrakt
- 1 ¼ kopp siktat kakmjöl
- ½ tsk bakpulver
- ⅛ tesked salt
- 2 äggvitor i rumstemperatur

INSTRUKTIONER:

a) Blanda de första 3 ingredienserna i en liten kastrull och rör om väl. Sätt kastrullen på medelvärme och låt koka i cirka 5 minuter eller tills sockret lösts upp, rör om då och då. Häll denna blandning i en 9-tums rund kakform.

b) Ordna persikoskivorna på ett ekersätt över farinsockerblandningen i kakformen, arbeta från mitten av formen till kanten. Strö tranbären över persikorna och ställ åt sidan.

c) I en liten skål, kombinera socker, mjölk, yoghurt, 3 matskedar vegetabilisk olja och vanilj. Rör om väl med en trådvisp.

d) I en stor skål, kombinera kakmjöl, bakpulver och salt. Blanda väl. Tillsätt mjölkblandningen till de torra ingredienserna och vispa på låg hastighet med en mixer tills det är väl blandat. Ställ denna smet åt sidan.

e) Vispa äggvitorna på hög hastighet med en mixer tills det bildas styva toppar. Vänd försiktigt ner äggviteblandningen i smeten.

f) Häll smeten jämnt över frukten i kakformen.

g) Grädda kakan vid 350 grader Fahrenheit i cirka 40 minuter eller tills en träplock som sätts in i mitten av kakan kommer ut ren.

h) Vänd genast upp kakan på ett serveringsfat.

i) Njut av din läckra Peach-Cranberry Upside Down Cake! Kombinationen av saftiga persikor och syrliga tranbär kommer säkerligen att glädja dina smaklökar.

69. Plommon upp och ner tårta

INGREDIENSER:
- 12 matskedar osaltat smör; rumstemperatur (1½ pinnar)
- 1 kopp packat gyllene farinsocker
- 1 matsked honung
- 6 stora plommon; halverad, urkärnad,
- varje halva skärs i 6 klyftor
- 1½ koppar universalmjöl
- 2 tsk Bakpulver
- ½ tsk Mald kanel
- ¼ tesked salt
- 1 kopp socker
- 2 stora ägg
- ½ tesked vaniljextrakt
- ¼ tesked mandelextrakt
- ½ kopp mjölk
- Lätt sötad vispgrädde

INSTRUKTIONER:
a) Värm ugnen till 350°F (175°C). Rör om 6 matskedar smör, farinsocker och honung i en tjock medelstor stekpanna på låg värme tills smöret smälter och sockret och honungen smälter in och bildar en tjock, slät sås.
b) Överför denna blandning till en 9-tums diameter kakform med 2-tums höga sidor. Ordna plommonklyftorna i överlappande koncentriska cirklar ovanpå såsen.
c) Blanda allsidigt mjöl, bakpulver, kanel och salt i en medelstor skål. Använd en elektrisk mixer och vispa de återstående 6 matskedarna smör i en stor skål tills det är ljust. Tillsätt socker och vispa tills det är krämigt.
d) Tillsätt ägg och vispa tills det blir ljust och fluffigt. Slå i vanilj- och mandelextrakten. Tillsätt de torra ingredienserna omväxlande med mjölk, blanda bara tills det är blandat.
e) Skeda smeten jämnt över plommonen i kakformen.
f) Grädda kakan tills den är gyllene och en testare som sätts in i mitten kommer ut ren, ca 1 timme och 5 minuter.

g) Lägg över kakan på ett galler och låt den svalna i formen i 30 minuter.
h) Använd en kniv och skär runt pannsidorna för att lossa kakan. Placera ett fat ovanpå kakformen och vänd upp kakan; placera tallriken på en arbetsyta. Låt stå i 5 minuter.
i) Lyft försiktigt av pannan och servera kakan varm med lätt sötad vispgrädde.
j) Njut av din Plum Upside-Down-kaka!

TROPISKA FRUKTTATINER

70. Ananas Tarte Tatin

INGREDIENSER:
- 1 medelmogen ananas
- 110 gram strösocker (4 ounces)
- 55 gram smör (2 uns)
- 340 gram färdig smördeg (12 ounces)
- Creme fraiche att servera

INSTRUKTIONER:
a) Värm ugnen till 200°C (400°F) eller Gas Mark 6.
b) Börja med att förbereda ananasen. Skär bort toppen och botten av ananasen. Ta bort skalet med en liten vass kniv och skär försiktigt ut "ögonen" på ananasen. Dela ananasen på mitten vertikalt och ta bort kärnan. Skiva sedan ananasen i 2½ cm (1 tum) tjocka skivor.
c) Placera din valda ugnssäker form på spishällen och tillsätt sockret. Häll i 4 matskedar vatten och värm tills sockret löst sig. Låt det koka försiktigt tills sockret börjar karamelliseras. Sänk värmen och tillsätt smöret. Om blandningen blir tjock och grynig, tillsätt lite mer vatten och värm tills den blir slät.
d) Lägg ananasskivorna i formen, skär dem om det behövs för att få dem att passa. Sjud i 5-10 minuter. Håll ett öga på blandningen för att förhindra att såsen bränns fast.
e) Kavla ut smördegen och skär en cirkel ca 1 cm större än formen. Lägg degen över ananasen, stoppa in kanterna. Överför sedan skålen till ugnen.
f) Grädda i cirka 30 minuter eller tills degen har jäst och fått en gyllenbrun färg.
g) Ta ut formen från ugnen, låt den vila några minuter och vänd sedan försiktigt upp den på en serveringsplatta. Låt pannan sitta i ytterligare 2-3 minuter så att karamellen får sätta sig. Om en del av frukten har flyttats, flytta den.
h) Servera ananas tarte tatin varm med en klick creme fraiche.
i) Njut av din läckra Pineapple Tarte Tatin!

71.Banan och kola Tarte Tatin

INGREDIENSER:
- 4 mogna bananer, skivade
- 75 gram osaltat smör (2½ uns)
- 100 gram farinsocker (3½ uns)
- 1 tsk vaniljextrakt
- Smördegsark

INSTRUKTIONER:
a) Värm ugnen till 200°C/400°F/gasmark 6.
b) Smält smör i en ugnssäker stekpanna. Strö över farinsocker jämnt.
c) Tillsätt vaniljextrakt. Lägg bananskivor över blandningen.
d) Täck med ett lager smördeg. Stick in kanterna.
e) Grädda i 20-25 minuter eller tills degen är gyllenbrun.
f) Vänd upp på ett serveringsfat och se till att den karamelliserade bananblandningen är på toppen. Servera varm.

72.Tatin för ananas och kardemumma

INGREDIENSER:
- 1 ananas
- 2 ½ uns osaltat smör
- 4 ½ uns mjukt farinsocker
- 6 st kardemummakapslar
- 7 uns färdigkavlad smördeg

INSTRUKTIONER:

a) Värm ugnen till 200°C/400°F/gasmark 6.
b) Skala ananasen och skiva den i 1 cm (½ tum) skivor, antingen på längden eller horisontellt. Avsätta.
c) Bred ut det osaltade smöret över botten av en 20 cm (8 tum) rund form. Strö det mjuka farinsockret över smöret.
d) Poppa kardemummaskidan och rosta fröna i en liten stekpanna i ett par minuter tills de släpper sin arom. Mal fröna i en ren kaffekvarn eller krossa dem väl i mortelstöt. Strö den malda kardemumman över sockret.
e) Ordna de urkärnade ananasskivorna ovanpå socker- och kardemummablandningen.
f) Skär en cirkel av smördeg med en diameter på 24 cm (10 tum) och använd den för att täcka ananasen. Tryck ner den väl för att forma sidorna av tårtan. Gör ett litet hål i mitten av degen så att ånga kan komma ut och förhindra att botten mjuknar.
g) Grädda tårtan i den förvärmda ugnen i 12-15 minuter eller tills degen är gyllenbrun.
h) Ta ut tårtan ur ugnen, vänd upp den över en plåt och servera genast.
i) Kombinera den med vaniljglass eller basilikasorbet för en härlig behandling.

73.Tarte Tatin för ananas och kokos

INGREDIENSER:

- 1 liten ananas, skalad, urkärnad och skivad
- 75 gram osaltat smör (2½ uns)
- 100 gram strösocker (3½ ounces)
- ½ dl riven kokos
- Smördegsark

INSTRUKTIONER:

a) Värm ugnen till 200°C/400°F/gasmark 6.
b) Smält smör i en ugnssäker stekpanna. Strö socker jämnt. Tillsätt riven kokos. Ordna ananasskivor.
c) Täck med ett lager smördeg. Stick in kanterna.
d) Grädda i 20-25 minuter eller tills degen är gyllenbrun.
e) Vänd upp på ett serveringsfat och se till att den karamelliserade ananasen och kokosnöten ligger på toppen. Servera varm.

74. Mango och Lime Tarte Tatin

INGREDIENSER:

- 2 mogna mango, skalade, urkärnade och skivade
- 75 gram osaltat smör (2½ uns)
- 100 gram strösocker (3½ uns)
- Skal av 1 lime
- Smördegsark

INSTRUKTIONER:

a) Värm ugnen till 200°C/400°F/gasmark 6.
b) Smält smör i en ugnssäker stekpanna. Strö socker jämnt. Tillsätt limeskal. Ordna mangoskivor.
c) Täck med ett lager smördeg. Stick in kanterna.
d) Grädda i 20-25 minuter eller tills degen är gyllenbrun.
e) Vänd upp på ett serveringsfat och se till att den karamelliserade mangon och limeskalet ligger på toppen. Servera varm.

75.Papaya och passionsfrukt Tarte Tatin

INGREDIENSER:

- 1 mogen papaya, skalad, kärnad och skivad
- 75 gram osaltat smör (2½ uns)
- 100 gram strösocker (3½ uns)
- Fruktkött av 3 passionsfrukter
- Smördegsark

INSTRUKTIONER:

a) Värm ugnen till 200°C/400°F/gasmark 6.
b) Smält smör i en ugnssäker stekpanna. Strö socker jämnt. Tillsätt passionsfruktkött. Ordna papayaskivor.
c) Täck med ett lager smördeg. Stick in kanterna.
d) Grädda i 20-25 minuter eller tills degen är gyllenbrun.
e) Vänd upp på ett serveringsfat och se till att den karamelliserade papayan och passionsfrukten ligger på toppen. Servera varm.

76. Kiwi och Mint Tarte Tatin

INGREDIENSER:
- 6 kiwi, skalade och skivade
- 75 gram osaltat smör (2½ uns)
- 100 gram strösocker (3½ uns)
- Färska myntablad, hackade
- Smördegsark

INSTRUKTIONER:
a) Värm ugnen till 200°C/400°F/gasmark 6.
b) Smält smör i en ugnssäker stekpanna. Strö socker jämnt. Tillsätt hackad mynta. Ordna kiwiskivor.
c) Täck med ett lager smördeg. Stick in kanterna.
d) Grädda i 20-25 minuter eller tills degen är gyllenbrun.
e) Vänd upp på ett serveringsfat och se till att den karamelliserade kiwi och mynta ligger på toppen. Servera varm.

77. Banan och macadamianötter Tarte Tatin

INGREDIENSER:

- 4 mogna bananer, skalade och skivade
- 75 gram osaltat smör (2½ uns)
- 100 gram farinsocker (3½ uns)
- ½ dl hackade macadamianötter
- Smördegsark

INSTRUKTIONER:

a) Värm ugnen till 200°C/400°F/gasmark 6.
b) Smält smör i en ugnssäker stekpanna. Strö över farinsocker jämnt. Tillsätt hackade macadamianötter. Ordna bananskivor.
c) Täck med ett lager smördeg. Stick in kanterna.
d) Grädda i 20-25 minuter eller tills degen är gyllenbrun.
e) Vänd upp på ett serveringsfat och se till att de karamelliserade bananerna och macadamianötterna ligger på toppen. Servera varm.

78. Kokos och mango Tarte Tatin

INGREDIENSER:

- 2 mogna mango, skalade, urkärnade och skivade
- 75 gram osaltat smör (2½ uns)
- 100 gram strösocker (3½ uns)
- ½ dl riven kokos
- Smördegsark

INSTRUKTIONER:

a) Värm ugnen till 200°C/400°F/gasmark 6.
b) Smält smör i en ugnssäker stekpanna. Strö socker jämnt. Tillsätt riven kokos. Ordna mangoskivor.
c) Täck med ett lager smördeg. Stick in kanterna.
d) Grädda i 20-25 minuter eller tills degen är gyllenbrun.
e) Vänd upp på ett serveringsfat och se till att den karamelliserade mangon och kokosnöten ligger på toppen. Servera varm.

79.Papaya och Lime Tarte Tatin

INGREDIENSER:
- 1 mogen papaya, skalad, kärnad och skivad
- 75 gram osaltat smör (2½ uns)
- 100 gram strösocker (3½ uns)
- Skal och saft av 2 limefrukter
- Smördegsark

INSTRUKTIONER:
a) Värm ugnen till 200°C/400°F/gasmark 6.
b) Smält smör i en ugnssäker stekpanna. Strö socker jämnt. Tillsätt limeskal och juice. Ordna papayaskivor.
c) Täck med ett lager smördeg. Stick in kanterna.
d) Grädda i 20-25 minuter eller tills degen är gyllenbrun.
e) Vänd upp på ett serveringsfat och se till att den karamelliserade papayan och limen ligger på toppen. Servera varm.

80.Passionsfrukt och ananas Tarte Tatin

INGREDIENSER:

- 2 passionsfrukter, fruktkött urholkat
- 1 liten ananas, skalad, urkärnad och skivad
- 75 gram osaltat smör (2½ uns)
- 100 gram strösocker (3½ uns)
- Smördegsark

INSTRUKTIONER:

a) Värm ugnen till 200°C/400°F/gasmark 6.
b) Smält smör i en ugnssäker stekpanna. Strö socker jämnt. Tillsätt passionsfruktkött. Ordna ananasskivor.
c) Täck med ett lager smördeg. Stick in kanterna.
d) Grädda i 20-25 minuter eller tills degen är gyllenbrun.
e) Vänd upp på ett serveringsfat och se till att den karamelliserade ananasen och passionsfrukten ligger på toppen. Servera varm.

81. Mini Lychee Tart Tatin

INGREDIENSER:

- 200 g Smördeg
- 5 g flytande glukos
- 10 ml vatten
- 50 ml ananasjuice
- 75 g strösocker
- 50 ml kokosmjölk
- 1 nypa kanel
- 10 ml rosenvatten
- 50 g smör
- 40 g mogna litchi (ca 30)
- 12 rambutaner
- 100 ml Vispgrädde
- 50 g Crème fraiche
- 1 st vaniljstång

INSTRUKTIONER:

a) Skala och stena rambutanerna, spara 4 skal. Blanda 8 rambutaner i en matberedare med crème fraiche tills de är väl mosade. Passera denna blandning genom en sil. Skrapa ur vaniljstången i vispgrädden och vispa sedan grädden till mjuka toppar. Vänd ner rambutancrèmeblandningen, var noga med att inte slå ut luften ur grädden.

b) Värm ugnen till 200ºC. Kavla ut smördegen till en 3 mm tjock plåt och skär den i 4 9 cm ringar. Smörj lite smörpapper lätt på en bakplåt och för över degen på pappret. Grädda i 15 minuter tills den har jäst och fått lite färg. Med en liten, vass kniv skär du försiktigt ett "lock" ur toppen av bakelsen. Avsätta.

c) Smält strösocker, flytande glukos och vatten tillsammans i en liten kastrull. Koka upp ananasjuice, strösocker, kokosmjölk, kanel, rosenvatten och smör i en separat kastrull. När sockerblandningen fått en mörk bärnstensfärgad färg, häll i den kokande ananasjuiceblandningen. Rör om för att kombinera och ta bort från värmen.

d) Stena litchierna och arrangera dem inuti varje bakverksskal. Häll över kolasåsen och sätt sedan tillbaka i ugnen i 5 minuter.

e) Servera med en rambutan i skalet och en quenelle av rambutankräm.

82. Mango upp och ner tårta

INGREDIENSER:

FÖR MANGOTOPPINGEN:
- 2 dl skivad mogen mango
- 2 msk citronsaft
- 1 matsked Margarin

FÖR TAKKSMETEN:
- ⅓ kopp Farinsocker
- ¼ kopp Margarin
- ¾ kopp socker
- 1 ägg
- ½ kopp mjölk
- 1 ¼ kopp universalmjöl
- 2 tsk Bakpulver
- ¼ tesked salt

INSTRUKTIONER:

a) Värm ugnen till 375°F (190°C).

b) Häll citronsaft över de skivade mangon och låt dem stå i 15 minuter.

c) Smält 1 matsked margarin i en 8-tums kakform eller gryta. Se till att inte använda en järnpanna eftersom mangon kan mörkna i den.

d) Tillsätt farinsocker i det smälta margarinet i kakformen och täck sedan botten med den skivade mangon.

e) För att förbereda kaksmeten, grädde ¼ kopp margarin. Tillsätt sockret och grädde dem tillsammans. Tillsätt sedan det uppvispade ägget och blanda väl.

f) I en separat skål, sikta universalmjölet, bakpulvret och saltet tillsammans. Tillsätt gradvis de torra ingredienserna till den gräddade blandningen, omväxlande med mjölken.

g) Häll kaksmeten över mangoskivorna i kakformen.

h) Grädda kakan i den förvärmda ugnen i 50 till 60 minuter eller tills en tandpetare som sticks in i mitten kommer ut ren.

i) När kakan är färdigbakad, vänd den omedelbart upp och ner på ett serveringsfat för att avslöja den vackra mangotoppningen.

j) Servera Mango Upside Down Cake medan den fortfarande är varm och njut av de läckra tropiska smakerna!

83. Mango-nöt upp och ner apelsinkaka

INGREDIENSER:
FÖR TOPPEN:
- 1 matsked fettfri margarin, smält
- ¼ kopp fast förpackat farinsocker
- 1 ½ dl mango, tunt skivad

TILL TÅRAN:
- 1 kopp allsidigt mjöl
- ¾ tesked bakpulver
- ⅛ tesked salt
- ¼ kopp Stick Margarine (Obs: Du kan använda mager margarin)
- ⅔ kopp granulerat socker
- 1 tsk apelsinskal, rivet
- 1 tsk vaniljextrakt
- ¼ kopp äggersättning
- ½ kopp fettfri vanlig yoghurt
- 1 msk hackade pekannötter (Obs: Valfritt, inte i originalreceptet)

INSTRUKTIONER:
a) Värm ugnen till 350°F (175°C).
b) Belägg botten av en 9-tums rund kakform med det smälta fettfria margarinet.
c) Strö farinsockret över det smälta margarinet.
d) Lägg den tunt skivade mangon över farinsockret, arbeta från mitten av pannan till kanten. Avsätta.
e) I en skål, kombinera all-purpose mjöl, bakpulver och salt. Rör om väl och ställ åt sidan.
f) I en separat mixerskål, vispa ¼ kopp stavmargarin och strösocker på medelhastighet med hjälp av en mixer tills det är väl blandat.
g) Tillsätt det rivna apelsinskalet, vaniljextraktet och äggersättningen (motsvarande 1 stort ägg) till den gräddade blandningen. Vispa väl.
h) Tillsätt mjölblandningen till den gräddade blandningen växelvis med den fettfria yoghurten, börja och sluta med mjölblandningen. Vispa väl efter varje tillsats.
i) Vänd eventuellt ner de hackade pekannötterna i kaksmeten.
j) Häll kaksmeten över de ordnade mangoskivorna i kakformen.

k) Grädda kakan i den förvärmda ugnen i cirka 30 minuter eller tills en träplock som sticks in i mitten av kakan kommer ut ren.
l) Låt kakan svalna i formen i 5 minuter på galler.
m) Lossa kakan från sidorna av formen med en smal metallspatel. Vänd upp kakan på ett tårtfat och skär den i klyftor.
n) Servera Mango-Nut Upside-Down Orange Cake medan den fortfarande är varm och njut av denna läckra tropiska goding!

84.Upp och ner mango och kokosnötskaka

INGREDIENSER:
- Smält smör, att smörja
- 270 ml burk kokosmjölk
- 135 g (1½ koppar) torkad kokosnöt
- 200 g osaltat smör, uppmjukat
- 220 g (1 kopp) strösocker
- 4 ägg
- 150 g (1 kopp) vanligt mjöl
- 100 g (⅔ kopp) självjäsande mjöl
- Grädde eller glass, att servera (valfritt)
- Rostad riven eller flingad kokos, att servera (valfritt)

MANGO TOPPING:
- 3 fasta men mogna mango (ca 400 g vardera)
- 50 g osaltat smör
- 60 g (¼ kopp, fast packat) farinsocker

INSTRUKTIONER:

a) Värm ugnen till 180°C (160°C varmluft). Smörj en 24 cm x 30 cm (bottenmått) lamingtonform med smält smör och klä botten med non-stick bakplåtspapper.

b) För att göra mangotoppningen, skär kinderna från mangon, ta bort skalet och skär sedan på längden i 1 cm tjocka skivor (reservera det återstående köttet för annan användning). Smält smöret i en liten kastrull på medelvärme, rör ner farinsockret och koka i cirka 1 minut tills det är väl blandat. Överför blandningen till den förberedda formen och fördela den så jämnt som möjligt över basen. Ordna mangoskivorna ovanpå farinsockerblandningen. Avsätta.

c) Blanda kokosmjölken och den torkade kokosen i en skål och ställ åt sidan. Använd en elektrisk mixer för att vispa smör och socker blekt och krämigt. Tillsätt äggen ett i taget, vispa efter varje tillsats tills de är väl blandade.

d) Sikta ihop det vanliga och självjäsande mjölet. Tillsätt hälften av mjölet i smörblandningen och använd en stor metallsked eller spatel för att vika ihop tills det precis är blandat. Vänd ner kokosblandningen och sedan resten av mjölet tills det precis blandat sig.

e) Häll blandningen i formen över mangon och använd baksidan av en metallsked för att fördela jämnt, var försiktig så att du inte rör på mangon. Grädda i den förvärmda ugnen i 30-35 minuter eller tills ett spett som sticks in i mitten av kakan kommer ut rent.

f) Låt kakan stå i formen i 10 minuter. Kör en palettkniv runt tårtans utsida och vänd ut den på ett serveringsfat. Servera varm eller rumstemperatur med grädde eller glass, eller för sig själv, och strö över den flingade kokosnöten.

85.Hallon-Mango upp och ner tårta

INGREDIENSER:

- ½ dl smör eller margarin
- ½ kopp socker
- 2 msk vispgrädde
- 1 ½ dl färska hallon
- 1 ½ dl hackad mango (reservera ½ dl juice)
- ½ kopp skivad eller strimlad mandel
- 1 ask Fransk Vaniljkakemix
- ½ kopp vatten
- ⅓ kopp vegetabilisk olja
- 1 tsk mandelextrakt
- 3 ägg

INSTRUKTIONER:

a) Värm ugnen till 350°F (175°C) eller 325°F (163°C) för en mörk eller nonstick-panna. Smält smöret i en 1-liters kastrull på medelvärme, rör om då och då. Rör ner sockret och vispgrädden.

b) Värm till kokning under konstant omrörning; koka i 30 sekunder. Häll blandningen i en 13x9-tums rektangulär panna. Toppa sockerblandningen jämnt med hallon, hackad mango och mandel.

c) I en stor skål, vispa kakmixen, reserverad ½ kopp mangojuice, vatten, olja, mandelextrakt och ägg med en elektrisk mixer på låg hastighet i 30 sekunder, sedan på medelhastighet i 2 minuter, skrapa skålen då och då. Häll smeten över frukterna och mandeln i pannan.

d) Grädda i 41 till 48 minuter eller tills en tandpetare i mitten kommer ut ren. Kör omedelbart en kniv runt sidorna av formen för att lossa kakan.

e) Vänd pannan upp och ner på en värmesäker serveringsfat; låt formen stå över kakan i 1 minut så att toppingen kan ringla över kakan. Kyl kakan i minst 30 minuter.

f) Servera varmt eller svalt. Förvara övertäckt i kylen.

86.Ananas Aprikos upp och ner kaka

INGREDIENSER:
- 3 matskedar osaltat smör, smält
- ½ kopp fast packat farinsocker
- 4 (¼-tums tjocka) färska ananasringar
- 2 msk finhackad färsk ananas
- 6 torkade hela aprikoser, plus 2 matskedar finhackade
- 1 kopp universalmjöl
- 1 ¼ tsk dubbelverkande bakpulver
- ¼ tesked salt
- ⅓ kopp grönsaksfett
- ½ kopp strösocker
- 1 stort ägg
- 1 tsk vaniljextrakt
- Vispad grädde, till servering

INSTRUKTIONER:

a) Värm ugnen till 350°F (175°C). Smörj en 9-tums rund kakform med smör.

b) I den smorda kakformen, kombinera det smälta smöret och farinsockret, tryck ut blandningen jämnt på botten av formen.

c) Skär ananasringarna på mitten och arrangera dem, klappade med hushållspapper för att avlägsna överflödig fukt, tillsammans med de hela aprikoserna (släta sidorna nedåt) på sockerblandningen i ett dekorativt mönster.

d) I en liten skål, sikta ihop allsidigt mjöl, bakpulver och salt.

e) I en separat skål med en elektrisk mixer, vispa grönsaksfettet och strösockret tills det är ljust och fluffigt. Tillsätt ägget och vaniljextraktet, fortsätt vispa tills det är väl blandat.

f) Tillsätt gradvis mjölblandningen till matfettsblandningen, omväxlande med ⅓ kopp vatten, vispa efter varje tillsats. Rör ner hackad ananas och hackade aprikoser (se till att klappa dem torra om de är för fuktiga).

g) Fördela smeten jämnt över ananas- och aprikosskiktet i kakformen.

h) Grädda kakan i den förvärmda ugnen i 40 till 45 minuter eller tills en tandpetare som sticks in i mitten kommer ut ren.

I) Låt kakan svalna i formen i 5 minuter, vänd sedan upp den på ett serveringsfat.

j) Servera ananas aprikos upp och ner kakan varm eller i rumstemperatur, tillsammans med vispad grädde.

k) Njut av denna läckra efterrätt med sin härliga blandning av smaker och texturer!

87.Ananas rosmarin upp och ner kaka e

INGREDIENSER:
FÖR TOPPEN:
- 3 matskedar smör
- ¼ kopp farinsocker
- 16 uns krossad ananas (avrunnen, juice reserverad)

TILL TÅRAN:
- ¼ kopp smör
- ¾ kopp strösocker
- 1 msk färsk rosmarin, finhackad
- ¼ kopp gräddfil
- ½ tesked vaniljextrakt
- 1 stort ägg, uppvispat
- 1 ¼ koppar universalmjöl
- 2 tsk bakpulver
- ¼ tesked salt
- ½ kopp hackade valnötter

INSTRUKTIONER:
a) Värm ugnen till 350°F (175°C). Smörj en 8" x 8" fyrkantig kakform.

FÖR TOPPEN:
b) Smält 3 msk smör i kakformen i ugnen. Blanda i farinsockret och fördela det jämnt över botten av pannan. Häll av ananasen och spara saften. Fördela den avrunna ananasen jämnt över farinsockerblandningen.

TILL TÅRAN:
c) Grädda ihop ¼ kopp smör och strösocker i en bunke tills det är ljust och fluffigt. Rör ner rosmarinfärsen.

d) I en separat skål, kombinera ¼ kopp av den reserverade ananasjuicen med gräddfil, vaniljextrakt och uppvispat ägg.

e) I en annan skål, vispa ihop allsidigt mjöl, bakpulver och salt.

f) Tillsätt de torra ingredienserna till smör- och sockerblandningen växelvis med den flytande blandningen (ananasjuice, gräddfil och ägg), blanda väl efter varje tillsats.

g) Vänd snabbt ner de hackade valnötterna.

h) Fördela smeten jämnt över ananastoppen i kakformen.

i) Grädda kakan i den förvärmda ugnen i cirka 25 minuter eller tills en tandpetare som sticks in i mitten kommer ut ren.

j) Låt kakan svalna på galler i 10 till 15 minuter innan du vänder ut den på ett serveringsfat.

k) Servera Ananas Rosemary Upside-Down Cake varm, och du kan toppa den med vispad grädde för en extra touch av överseende.

88.Ananas upp och ner ingefärskaka

INGREDIENSER:
- 3 msk smör, mjukat
- 4 matskedar smör, mjukat
- ⅓ kopp Ljusfarinsocker, fast förpackat
- 1 burk (8 oz) ananasskivor, avrunna och torkade på hushållspapper
- ½ kopp socker
- 1 stort ägg, rumstempererat
- ½ kopp Lätt melass
- ½ kopp mjölk
- 1 ½ koppar universalmjöl
- 1 tsk bakpulver
- 1 tsk kanel
- 1 tsk Mald ingefära
- ¼ tesked salt

INSTRUKTIONER:
a) Värm ugnen till 325 grader Fahrenheit (165 grader Celsius).
b) Placera 3 matskedar mjukat smör i en 9"x11-½"x2" kakform. Sätt formen i den förvärmda ugnen tills smöret har smält.
c) Ta ut pannan från ugnen och rör om det smälta smöret så att det täcker botten av formen jämnt.
d) Strö genast det ljusa farinsockret jämnt över det smälta smöret i pannan.
e) Lägg de avrunna ananasskivorna i ett enda lager över farinsockret i pannan.
f) I en medelstor skål, vispa ihop de återstående 4 matskedar av mjukt smör och socker med en elektrisk mixer på hög hastighet tills blandningen blir krämig.
g) Vispa i ägget, lätt melass och mjölk tills allt är väl blandat.
h) I en annan medelstor skål, rör ihop all-purpose mjöl, bakpulver, kanel, mald ingefära och salt.
i) Vispa gradvis ner den torra ingrediensblandningen i smeten på låg hastighet, blanda tills den är helt införlivad.
j) Skeda smeten jämnt över ananasskivorna i kakformen.
k) Grädda kakan i cirka 60 minuter eller tills en kakprovare som är insatt nära mitten kommer ut ren.
l) När kakan är klar, ta ut den från ugnen och vänd omedelbart ut den på ett serveringsfat.
m) Garnera mitten av varje ananasring med hälften av ett maraschinokörsbär.
n) Njut av din läckra Ananas upp och ner Ginger Cake!

89.Upp och ner kaka med ananas och ost

INGREDIENSER:
- 20 uns Kan osötade ananasskivor, odränerade
- ½ kopp Fast förpackat farinsocker
- 2 msk Stick margarin
- Grönsaksspray för matlagning
- ¾ kopp socker
- ¼ kopp fettreducerad färskost
- 2 msk Stick margarin
- 2 äggvitor
- 1 ägg
- ¾ kopp universalmjöl
- 1 tsk Bakpulver
- ¼ tesked salt
- ¾ kopp finstrimlad skarp cheddarost
- ½ tsk vaniljextrakt

INSTRUKTIONER:

a) Värm ugnen till 350°F (175°C).
b) Häll av ananasskivorna från burken, spara ¼ kopp av juicen. Placera den reserverade juicen och 3 ananasskivor i en mixer och bearbeta tills den är slät; avsätta.
c) Kombinera farinsockret och 2 matskedar margarin i en kastrull. Koka på medelhög värme tills blandningen smält. Ta bort från värmen och tillsätt ¼ kopp av den mosade ananasen, rör om tills den är väl blandad. Häll denna blandning i en 9-tums rund kakform belagd med matlagningsspray.
d) Skär de återstående ananasskivorna på mitten och arrangera dem i ett enda lager över farinsockerblandningen i kakformen; avsätta.
e) I en stor skål, kombinera ¾ kopp socker, gräddost med låg fetthalt och 2 matskedar margarin. Vispa på medelhastighet tills det är väl blandat. Tillsätt de 2 äggvitorna och ägget, en i taget, vispa efter varje tillsats.
f) I en separat skål, kombinera allsidigt mjöl, bakpulver och salt. Tillsätt denna torra blandning till den gräddade blandningen, vispa tills allt är väl blandat. Rör ner den återstående mosade ananasen, strimlad skarp cheddarost och vanilj.
g) Häll smeten jämnt över ananasskivorna i kakformen.
h) Grädda kakan vid 350°F i cirka 45 minuter eller tills en träplock som satts in i mitten kommer ut ren.
i) Låt kakan svalna i formen i 10 minuter, vänd sedan upp den på ett serveringsfat.
j) Servera kakan varm. Det är också gott med en klick lätt vispgrädde.
k) Njut av din uppochnedvända ananas-och-ost-kaka!

VEGGIE TAKOR

90.Rabarber upp och ner tårta

INGREDIENSER:
FÖR RABARBERTOPPINGEN:
- 4 koppar Skär rabarber
- 1 kopp socker
- 1 kopp kvarterade marshmallows

FÖR TAKKSMETEN:
- 1¾ koppar siktat mjöl
- 2 tsk Bakpulver
- ⅛ tesked salt
- ½ kopp förkortning
- 1 kopp socker
- 2 ägg, separerade
- ½ tesked mandelextrakt
- ⅓ tesked vanilj
- ½ kopp mjölk

INSTRUKTIONER:

a) Koka den skurna rabarbern på låg värme tills saften börjar rinna. Tillsätt sockret och marshmallows (om du inte använder färska marshmallows) och blanda väl. Sjud blandningen i cirka 10 minuter och häll den sedan i en smord kakform.

b) Värm ugnen till 350 grader Fahrenheit (175 grader Celsius).

c) Sikta mjöl, bakpulver och salt tillsammans i en skål.

d) Grädda matfettet med sockret i en separat bunke tills det blir fluffigt. Tillsätt äggulor, mandelextrakt och vanilj och vispa ordentligt.

e) Tillsätt gradvis de siktade torra ingredienserna och mjölken växelvis i små mängder till matfettsblandningen, vispa ordentligt efter varje tillsats.

f) Vispa äggvitorna i en annan skål tills de bildar styva toppar men inte är torra.

g) Vänd försiktigt ner den vispade äggvitan i kaksmeten.

h) Häll tårtsmeten jämnt över rabarberblandningen i kakformen.

i) Grädda kakan i den förvärmda ugnen i 40 till 50 minuter, eller tills en tandpetare i mitten kommer ut ren.

j) När kakan är klar, lossa den från sidorna och botten av formen med en spatel. Vänd sedan försiktigt ut kakan på ett tårtfat.

k) Om du använder mycket färska marshmallows, tillsätt dem i rabarberblandningen precis innan du häller kaksmeten ovanpå.

l) Servera upp och ner rabarberkakan varm och njut!

91.Pumpa upp och ner tårta

INGREDIENSER:

- 1 burk (16 ounces) pumpa
- 1 burk (13 ounces) avdunstad mjölk
- 2 koppar Imperial Sugar Extra Fint granulerat socker, delat
- 3 ägg
- 2 msk mald kanel
- 1 låda Duncan Hines smörrecept Golden Cake Mix
- ½ kopp hackade pekannötter
- 1 dl smält smör/margarin
- 1 paket (8 uns) färskost, mjukad
- 1 medelstor behållare Cool Whip, tinad
- Valfritt: ½ kopp kokos

INSTRUKTIONER:

a) Värm ugnen till 350°F (175°C).
b) Spraya en 9 x 13-tums bakform med non-stick matlagningsspray.
c) I en stor skål, kombinera pumpa, avdunstad mjölk, 1 kopp socker, ägg och mald kanel. Blanda väl för att säkerställa att allt blandas väl.
d) Häll pumpablandningen i den förberedda ugnsformen.
e) Strö den torra kakmixen och hackade pekannötter jämnt över pumpablandningen. Detta kommer att skapa skorpan för efterrätten.
f) Ringla det smälta smöret över kakmixen och pekannötterna.
g) Grädda desserten i den förvärmda ugnen i 45-55 minuter, eller tills den blir gyllenbrun. Låt den svalna helt i ugnsformen.
h) När desserten har svalnat, vänd eller vänd den på en annan maträtt eller serveringsbricka. Detta kommer att avslöja den vackra skorpan på toppen.
i) För att göra desserttoppningen, blanda den mjukgjorda färskosten och 1 kopp socker i en skål tills den är väl blandad. Vänd sedan ner Cool Whip till färskostblandningen. Detta skapar en krämig och läcker frosting.
j) Fördela färskosten och Cool Whip-blandningen över toppen och sidorna av desserten, täck den helt.
k) Om så önskas, strö den valfria ½ koppen kokos över toppen av desserten för extra smak och konsistens.

92.Upp och ner kaka med ananas-zucchini

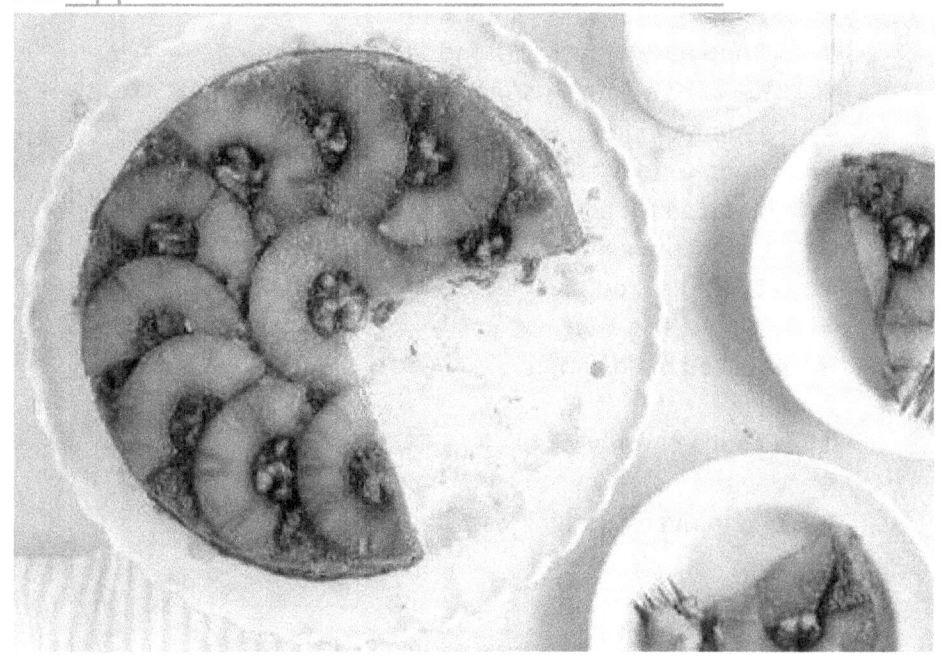

INGREDIENSER:
- ½ kopp osaltat smör, smält
- ¾ kopp packat ljust eller mörkt farinsocker
- 1 burk (20 oz) ananasringar
- 12 valnöts- eller pekannötshalvor
- ¾ kopp Gold Medal™ universalmjöl
- ⅔ kopp strösocker
- 2 tsk bakpulver
- ½ tesked bakpulver
- ¼ tesked salt
- ¼ tesked mald kanel
- ½ kopp kärnmjölk
- ¼ kopp vegetabilisk olja
- 1 ägg
- 1 kopp riven zucchini (ca 1 liten)

INSTRUKTIONER:

a) Värm ugnen till 350°F (175°C).
b) Häll det smälta smöret i en 9-tums rund kakform. Använd en bakelseborste för att täcka botten och sidorna av pannan med smör.
c) Strö över farinsockret jämnt i pannan.
d) Ordna ananasringarna ovanpå farinsockret och lägg valnöts- eller pekannötshalvorna i mitten och mellan ananasringarna. Ställ pannan åt sidan.
e) Blanda mjöl, strösocker, bakpulver, bakpulver, salt och mald kanel i en stor skål.
f) Blanda kärnmjölken, vegetabilisk olja, ägg och riven zucchini i en separat medelstor skål. Tillsätt de våta ingredienserna till de torra ingredienserna och rör om tills det precis blandas.
g) Häll smeten i den förberedda kakformen över ananasringarna.
h) Grädda kakan i den förvärmda ugnen i 35 till 40 minuter eller tills den är gyllenbrun och en tandpetare som sticks in i mitten kommer ut med några fuktiga smulor.
i) Låt kakan svalna i 1 timme. Kör en kniv runt kanten på kakan för att lossa den från formen. Lägg ett fat eller tårtställ upp och ner ovanpå kakformen. Vänd försiktigt upp och ner på tallriken och kakan för att släppa kakan på tallriken. Knacka försiktigt på formen om det behövs och lyft sedan av den från kakan.
j) Om det finns någon kvarvarande kaka, täck över och kyl den. Servera kakan inom 5 dagar.

93.Betor upp och ner tårta

INGREDIENSER:

- 3 matskedar ekologiskt, osaltat smör
- ¼ kopp organiskt ljust farinsocker
- 1-2 små rödbetor, skalade och tunt skivade
- 1-¼ koppar ekologiskt mandelmjöl (som Bob's Red Mill)
- ½ tesked bakpulver
- ½ tsk kosher salt
- 4 stora ägg, separerade (ekologiska/burfria)
- ½ kopp organiskt ljust farinsocker
- 2 tsk apelsinskal

INSTRUKTIONER:

a) Värm ugnen till 350°F (175°C). Klä en 8-tums springform med bakplåtspapper.

b) Smält smöret och häll det i den förberedda pannan, virvla runt det för att täcka sidorna. Strö ¼ kopp farinsocker jämnt över botten. Varva de tunt skivade rödbetorna ovanpå farinsockret.

c) I en blandningsskål, vispa ihop mandelmjöl, bakpulver och koshersalt. Ställ den åt sidan.

d) Grädda äggulorna, ½ kopp farinsocker och apelsinskal i en mixerbunke tills de är väl blandade.

e) Tillsätt mandelmjölsblandningen till ägguleblandningen och vispa tills den är ordentligt blandad.

f) Vispa äggvitorna i en ren skål tills de blir skummande och dubbel storlek, men inte förrän toppar bildas.

g) Vänd försiktigt ner den vispade äggvitan i mandelmjöl- och ägguleblandningen.

h) Häll smeten över rödbetorna i pannan, fördela den jämnt.

i) Grädda kakan på mittersta galler i den förvärmda ugnen i 30-35 minuter, eller tills toppen är gyllene och en tandpetare som sticks in i mitten kommer ut ren.

j) Lägg över kakan på ett galler och låt den svalna helt innan du tar ut den ur formen och för över den till ett serveringsfat.

94. Persika och Palsternacka upp och ner tårta

INGREDIENSER:
- 200g (avrunnen vikt) konserverade päron i juice
- 225g (avrunnen vikt) konserverade persikoskivor i juice
- 225 g riven palsternacka
- 85 g sultan
- 225g självjäsande mjöl
- 2 tsk bakpulver
- ¼ tesked bikarbonat läsk
- 2 tsk blandad krydda
- 100 ml vegetabilisk olja
- 3 stora ägg, vispade
- 1 tsk vaniljextrakt

INSTRUKTIONER:
a) Värm ugnen till 200°C/180°C fläkt. Smörj och klä en 8-tums (20 cm) rund kakform med bakplåtspapper. Låt den konserverade frukten rinna av.
b) Mosa päronen i en skål med en gaffel.
c) Lägg persikoskivorna i en väderkvarn eller cirkelmönster i botten av kakformen, lämna ett utrymme mellan dem men fördela dem jämnt.
d) I en separat skål, blanda alla återstående ingredienser (riven palsternacka, sultanas, självjäsande mjöl, bakpulver, bikarbonat, blandad krydda, vegetabilisk olja, vispad ägg och vaniljextrakt) med det mosade päronet med en träslev tills blandas ordentligt.
e) Häll blandningen över persikorna i kakformen, se till att de täcks jämnt.
f) Grädda kakan i 35 minuter tills den blir brun.
g) Innan du tar ut kakan från ugnen, klä en bakplåt med bakplåtspapper.
h) Ta ut kakan ur ugnen och vänd omedelbart ut den på den klädda bakplåten så att persikorna nu ligger ovanpå kakan. Ta bort bakplåtspappret från kakan och sätt tillbaka den i ugnen i ytterligare 15 minuter tills smeten på toppen är helt genomstekt.
i) Ta ut kakan ur ugnen och låt den svalna på galler innan servering.

95.Upp och ner Morotskaka

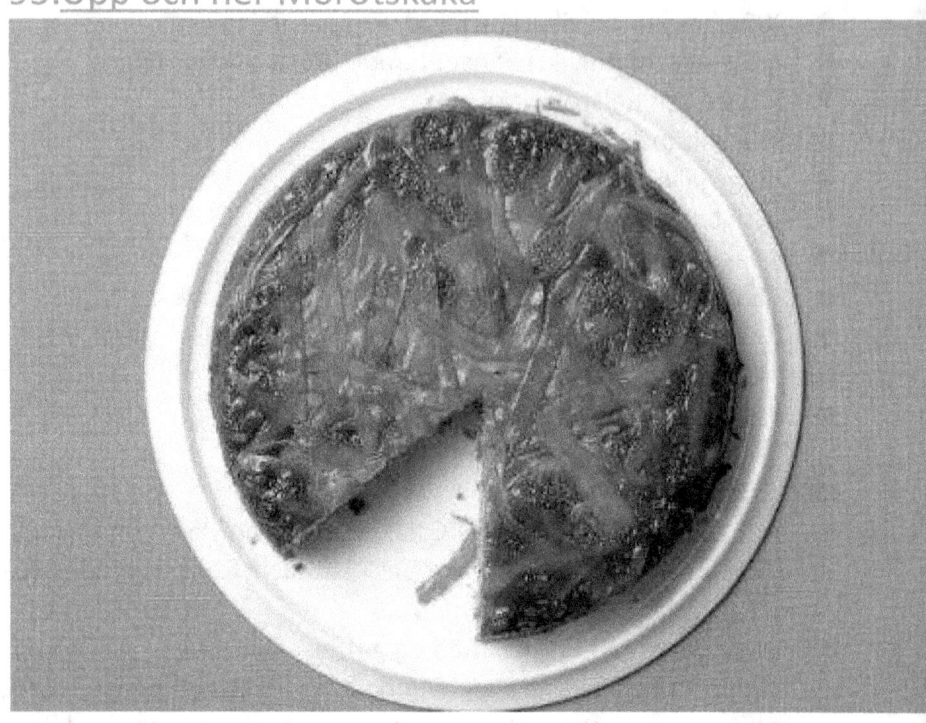

INGREDIENSER:
GARNERING:
- 5 matskedar osaltat smör, plus mer till pannan
- ¼ kopp packat ljust farinsocker
- Saften av ½ citron
- 4 små morötter, skalade i band med en grönsaksskalare

KAKA:
- ½ kopp pekannötter
- 1 ¼ koppar universalmjöl
- 1 tsk mald kanel
- ¾ tesked bakpulver
- ¾ tesked bakpulver
- ½ tsk kosher salt
- ¼ tesked mald kryddpeppar
- 1 pinne (8 matskedar) osaltat smör, vid rumstemperatur
- ⅔ kopp packat ljust farinsocker
- ½ tsk citronskal
- 2 stora ägg
- ½ kopp gräddfil

INSTRUKTIONER:
a) Värm ugnen till 350 grader F. Smör bara sidorna av en 9-tums rund kakform.

FÖR KARAMELLTOPPINGEN:
b) Mikrovågsugn smör, farinsocker och citronsaft i en liten mikrovågssäker skål tills det smält. Fördela blandningen över botten av den förberedda pannan. Ordna morotsbanden ovanpå.

TILL TÅRAN:
c) Bred ut pekannötterna på en plåt och grädda tills de är fint rostade, 8 till 10 minuter. Låt dem svalna och kör sedan i en matberedare tills de är finmalda. Överför till en stor skål och vispa ihop med mjöl, kanel, bakpulver, bakpulver, salt och kryddpeppar; avsätta.

d) Vispa smör och farinsocker med en elektrisk mixer på medelhög hastighet i en stor skål tills det är ljust och fluffigt, cirka 4 minuter. Slå i citronskalet. Tillsätt äggen ett i taget, vispa för att blandas efter varje tillsats och skrapa ner sidorna av skålen efter behov (det är okej om smeten ser lite separerad och trasig ut).

e) Sänk mixerhastigheten till låg och tillsätt ½ av mjölblandningen, sedan gräddfilen och slutligen resten av mjölet.

f) Häll smeten över morötterna i kakformen, bred ut den till ett jämnt lager, och tryck på formen några tryck på bänken. Grädda kakan tills den är gyllenbrun, dras bort från kanten och en tandpetare eller tårtprovare kommer ut ren när den sätts in i mitten, 45 till 50 minuter.

g) Kör en kniv runt kanten på kakan för att skilja den från formen. Låt kakan svalna i formen på galler tills den precis svalnar tillräckligt för att hantera, cirka 30 minuter.

h) Vänd upp ett serveringsfat över kakformen och medan du håller ihop dem, vänd dem snabbt så att kakan lossnar med morotssidan uppåt. Låt den svalna helt.

i) Skär i klyftor och servera.

CHOKLADTAKOR

96.Choklad aprikos upp och ner kaka

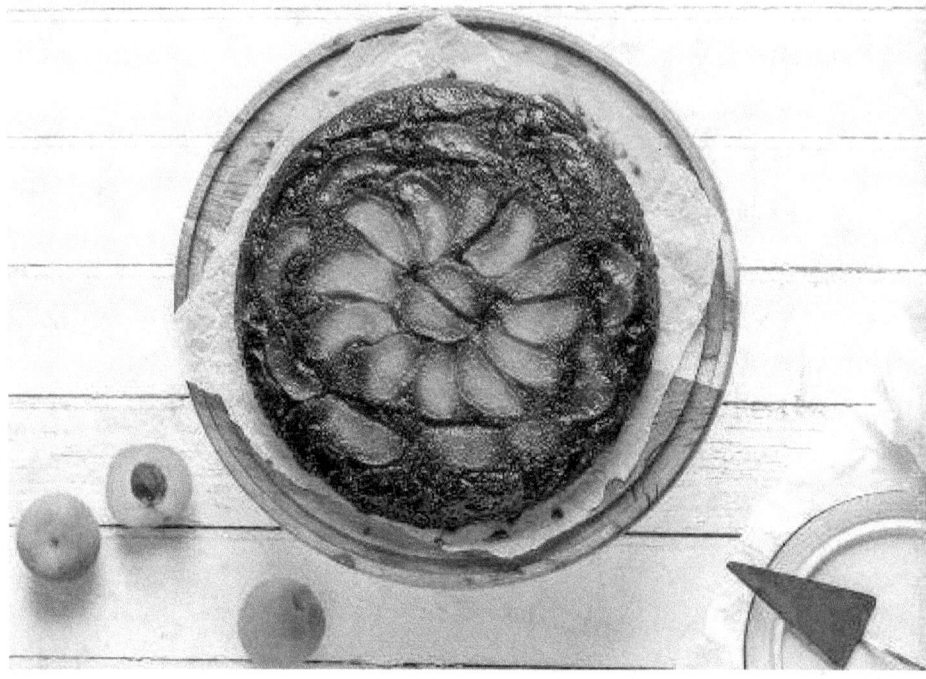

INGREDIENSER:
GARNERING:
- ¼ kopp smör eller margarin, smält
- ⅓ kopp Förpackat ljust farinsocker
- ¼ kopp hackade pekannötter
- 17 uns konserverade aprikoshalvor, avrunna

KAKA:
- 1 kopp universalmjöl
- ⅓ kopp HERSHEY'S Kakao ELLER Kakao i europeisk stil
- 1 ¼ tsk Bakpulver
- ¼ tesked salt
- 1 kopp strösocker
- ½ kopp smör eller margarin
- 2 ägg
- ½ kopp mjölk
- 1 tsk vaniljextrakt

KANELFRÄCKLIG PISKAD TOPPING
- 1 kopp kall vispgrädde (½ pint)
- 3 matskedar florsocker
- ⅛ tesked Mald kanel

INSTRUKTIONER:
a) Värm ugnen till 375°F (190°C). I en 9-tums rund eller 9-tums fyrkantig bakpanna, smält ¼ kopp smör i ugnen. Ta ut ur ugnen och tillsätt farinsockret, blanda väl.

b) Fördela blandningen jämnt över botten av pannan. Ordna de avrunna aprikoshalvorna i pannan med den rundade sidan nedåt. Strö de hackade pekannötterna runt aprikoserna.

c) I en separat skål, rör ihop all-purpose mjöl, kakao, bakpulver och salt.

d) I en stor skål, vispa strösocker och ½ kopp smör. Tillsätt äggen och vispa väl.

e) Tillsätt mjölblandningen växelvis med mjölk och vanilj till socker-smörblandningen. Vispa tills smeten är väl blandad.

f) Fördela kaksmeten jämnt över aprikoserna i pannan.

g) Grädda kakan i den förvärmda ugnen i 40 till 45 minuter eller tills en träplock som satts in i mitten kommer ut ren.
h) Vänd genast upp kakan på ett serveringsfat.
i) Servera choklad aprikos upp och ner kakan lätt varm eller i rumstemperatur med kanelfläckig vispad topping.

KANELFRÄCKLIG PISKAD TOPPING
j) I en liten skål, kombinera 1 kopp kall vispgrädde (½ pint), 3 matskedar strösocker och ⅛ tesked mald kanel.
k) Vispa blandningen tills det bildas styva toppar.
l) Servera kakan med kanelfläckig vispad topping, vilket ger ett läckert och krämigt tillbehör till den rika chokladen och de söta aprikoserna. Njut av!

97.Choklad körsbär upp och ner tårta

INGREDIENSER:
- 1 burk körsbärspajfyllning (21oz)
- 2 ¼ koppar universalmjöl
- 1 ½ dl socker
- ¾ kopp osötad kakao
- 1 ½ tsk Bakpulver
- ¾ tesked salt
- 1 ½ dl vatten
- ¼ kopp matolja
- ¼ kopp vinäger
- 1 ½ tsk vaniljextrakt

INSTRUKTIONER:

a) Fördela körsbärspajfyllningen jämnt över botten av en smord 13x9x2-tums panna.

b) I en stor skål, rör ihop all-purpose mjöl, socker, kakao, bakpulver och salt.

c) I en annan skål, kombinera vatten, matolja, vinäger och vaniljextrakt.

d) Tillsätt den flytande blandningen till de torra ingredienserna på en gång och rör om precis tillräckligt för att fukta alla ingredienser.

e) Häll smeten jämnt över körsbärspajfyllningen i pannan.

f) Grädda kakan i en förvärmd 350 grader Fahrenheit (175 grader Celsius) ugn i 30-35 minuter, eller tills en tandpetare som är insatt i mitten kommer ut ren.

g) Låt kakan svalna i 10 minuter i formen, vänd sedan upp den på en tallrik och låt den svalna helt.

h) Njut av denna ljuvliga chokladkörsbär upp och ner, där den rika chokladkakan möter den läckra körsbärsfyllningen för en härlig njutning!

98.Choklad nöt upp och ner tårta

INGREDIENSER:

GARNERING
- 2 msk smör eller margarin
- ¼ kopp farinsocker
- ⅔ kopp Lätt majssirap
- ⅔ kopp Kraftig grädde
- 1 dl valnötter, grovt hackade

KAKA
- 1 ¾ koppar universalmjöl
- 2 tsk Bakpulver
- ¼ tesked salt
- ½ kopp smör eller margarin, mjukat
- 1 ½ dl socker
- 2 ägg, separerade
- 3 uns osötad choklad, smält
- 1 tsk vanilj
- 1 kopp mjölk

INSTRUKTIONER:

GARNERING

a) Smält 2 matskedar smör i en liten kastrull. Rör ner farinsockret och värm tills det blir bubbligt.

b) Rör i majssirap och tjock grädde, värm upp och rör hela tiden tills det precis kokar.

c) Tillsätt de grovhackade valnötterna i blandningen och häll den sedan i en välsmord 10-tums Bundt-panna. Ställ åt sidan medan du förbereder kakan.

KAKA

d) Värm ugnen till 350°F (175°C).

e) Sikta universalmjölet, bakpulvret och saltet tillsammans i en skål.

f) Grädde det mjuka smöret och sockret i en separat bunke tills det är väl blandat.

g) Tillsätt äggulor, smält choklad och vanilj till smör-sockerblandningen och blanda väl.

h) Tillsätt växelvis mjölblandningen och mjölken i smörblandningen, börja och sluta med mjölblandningen. Blanda tills det är väl blandat.

i) Vispa äggvitorna i en separat skål tills det bildas styva toppar och vik sedan försiktigt ner dem i kaksmeten.
j) Häll kaksmeten över nötblandningen i Bundt-formen.
k) Grädda kakan i 35-45 minuter eller tills en tandpetare i mitten kommer ut ren.
l) Låt kakan svalna i formen i 15 minuter och ta sedan försiktigt bort den från formen.
m) Njut av denna ljuvliga chokladnötter upp och ner med sin rika chokladsmak och en härlig nötig topping. Perfekt för att dela med vänner och familj vid alla tillfällen!

99.Kokos upp och ner kaka

INGREDIENSER:
GARNERING
- 5 matskedar Smör, smält
- ½ kopp farinsocker
- 1 dl riven kokos
- ¼ kopp skivad mandel

KAKA
- 4 matskedar förkortning
- ⅔ kopp socker
- 1 ägg
- 1 dl siktat kakmjöl
- 1 ½ tsk Bakpulver
- ¼ tesked salt
- ⅓ kopp mjölk
- 1 tsk vanilj

INSTRUKTIONER:
GARNERING
a) Smält smöret och häll det i en 9-tums kakform.
b) Smula farinsockret över det smälta smöret.
c) Strö riven kokos och skivad mandel jämnt över farinsockret.
KAKA
d) Grädda matfettet och sockret i en separat bunke tills det är slätt.
e) Tillsätt ägget och vispa väl tills det är helt införlivat.
f) Sikta ihop kakmjölet, bakpulvret och saltet och tillsätt dem sedan växelvis till socker-äggblandningen med mjölken.
g) Blanda i vaniljen till smeten.
MONTERING OCH BAKNING
h) Häll försiktigt kaksmeten över kokos- och mandeltoppen i kakformen, fördela den jämnt.
i) Grädda kakan vid 350 grader Fahrenheit (175 grader Celsius) i 30 till 35 minuter eller tills en tandpetare som är insatt i mitten kommer ut ren.
j) Vänd upp kakan direkt efter gräddningen på ett serveringsfat.
k) Låt kakan vila i 3 till 4 minuter innan du försiktigt lyfter av formen.
l) Njut av denna läckra Coconut Upside-Down Cake, där den fuktiga och smakrika kakan möter den härliga kokos- och mandeltoppen! Perfekt för en godis eller ett speciellt tillfälle.

100. Jack Daniel's Upside Down Chocolate Cheesecake

INGREDIENSER:
FÖR OSTKAKA:
- 1 kopp halvsöta chokladchips
- ⅓ kopp mjölk
- 3 förpackningar (8 oz vardera) färskost, rumstemperatur
- 1 kopp socker
- 4 ägg
- 2 msk Jack Daniels whisky

FÖR FUDGE BROWNIE SMETEN:
- 2 rutor (1 uns vardera) Osötad choklad
- ½ kopp smör (1 pinne)
- 2 ägg
- 1 kopp socker
- 1 tsk vaniljextrakt
- ½ kopp universalmjöl
- ¼ kopp hackade valnötter (valfritt)

FÖR CHOKLAGDANACHEN:
- 1 ½ dl chokladchips
- ⅓ kopp Vispgrädde
- 2 msk Jack Daniels whisky
- 2 msk majssirap

INSTRUKTIONER:

a) Värm ugnen till 400 grader Fahrenheit (200 grader Celsius). Smörj en 9-tums springform med smör.

b) Smält de halvsöta chokladchipsen med mjölk i en mikrovågssäker glasskål i mikrovågsugnen på hög (100 %) effekt i 1 till 1 ½ minut eller tills den är slät när du rör om. Avsätta.

c) I den stora skålen i en elektrisk mixer, vispa färskosten och sockret tills det är slätt. Vispa i äggen tills de är väl blandade.

d) Vispa i den smälta chokladblandningen och Jack Daniels whisky tills den är ordentligt blandad.

e) Häll cheesecakesmeten i den förberedda springformen.

f) Grädda cheesecaken i den förvärmda ugnen i 15 minuter. Sänk sedan ugnstemperaturen till 350 grader Fahrenheit (175 grader Celsius) och fortsätt att grädda i ytterligare 15 minuter.

g) Ta bort cheesecaken från ugnen och häll försiktigt Fudge Brownie-smeten jämnt över den delvis bakade cheesecaken, börja vid kanterna och arbeta mot mitten.

h) Sätt tillbaka cheesecaken i 350-gradersugnen och grädda i ytterligare 35 till 40 minuter eller tills en tandpetare som sticks in i mitten kommer ut nästan ren.

i) Kyl cheesecaken helt och ställ sedan i kylen tills den är genomkyld.

j) När den har svalnat tar du bort sidorna av springformen från cheesecaken.

FÖR FUDGE BROWNIE SMETEN:

k) Kombinera de osötade chokladrutorna och smöret i en stor mikrovågssäker glasskål. Mikrovågsugn på hög (100 %) effekt i 1 till 1 ½ minut eller tills den är slät när du rör om. Vispa i ägg, socker och vanilj tills det är ordentligt blandat. Rör ner mjölet och blanda väl. Om så önskas, rör ner de hackade valnötterna. Fördela Fudge Brownie-smeten jämnt över den delvis bakade cheesecaken.

FÖR CHOKLAGDANACHEN:

l) Kombinera chokladchips och vispgrädde i en stor mikrovågssäker glasskål. Mikrovågsugn på hög (100 %) effekt i 1 till 1 ½ minut eller tills den är slät när du rör om. Rör ner Jack Daniels whisky och majssirap.

m) Kyl ganachen tills den tjocknar till en bredande konsistens.

n) Fördela chokladganachen jämnt över toppen av den brownie-toppade cheesecaken.

o) Kyl cheesecaken igen tills ganachen stelnat.

p) Servera och njut av denna dekadenta Jack Daniel's Upside Down Double Chocolate Cheesecake!

SLUTSATS

När vi avslutar vår resa genom "DEN KOMPLETTA KOKBOKEN TARTE TATIN", hoppas vi att du har blivit inspirerad att dyka in i världen av upp och ner nöjen och upptäcka magin med Tarte Tatin i all dess läckra härlighet. Oavsett om du unnar dig en klassisk äpple Tarte Tatin, experimenterar med säsongsbetonade fruktvarianter eller skapar dina egna unika twister på denna älskade efterrätt, så är det något alldeles speciellt med kombinationen av karamelliserad frukt och smördeg.

När du fortsätter att utforska världen av Tarte Tatin-recept, må varje dessert du bakar ge dig glädje, tillfredsställelse och en smak av Frankrikes kulinariska arv. Oavsett om du delar Tarte Tatin med nära och kära, unnar dig själv en solo överseende eller skänker hemgjorda skapelser till vänner och grannar, må upplevelsen av att baka och njuta av denna tidlösa dessert fylla ditt hjärta med värme och din gom med förtjusning.

Tack för att du följde med oss på denna smakrika resa genom Tarte Tatins värld. Må ditt kök fyllas med doften av karamelliserad frukt, ditt bord med läckerheter av läckra desserter och ditt hjärta med glädjen att baka. Tills vi ses igen, glad Tarte Tatin-tillverkning och god aptit!

www.ingramcontent.com/pod-product-compliance
Lightning Source LLC
Chambersburg PA
CBHW070653120526
44590CB00013BA/939